JOURNAL D'UN VENDOMOIS

—

CINQ MOIS & DIX JOURS D'INVASION

1870 – 1871

Phot. J. Yvon

MONUMENT COMMÉMORATIF
DES BATAILLES DE VENDOME

JOURNAL D'UN VENDOMOIS

CINQ MOIS & DIX JOURS

D'INVASION

(1870 - 1871)

Par M. NEILZ

Cultivateur

Membre de la Société Archéologique du Vendomois

VENDOME

TYPOGRAPHIE LEMERCIER

1887

—

En vente chez tous les Libraires

AVANT-PROPOS

—x—

En livrant à la publicité les notes qui vont suivre, nous demandons au lecteur toute son indulgence. Quelques erreurs de noms ou de dates, tout involontaires, ont pu se glisser dans notre récit ; on nous les pardonnera, si l'on se reporte à l'époque de trouble et de confusion où ont été recueillis les faits que nous relatons ici.

Puissent les notes que nous avons consignées, et dont, à défaut d'un style recherché, nous garantissons l'exactitude, servir un jour à l'historien qui ne craindra pas de retracer avec une plume autorisée les diverses périodes de cette lugubre épopée !

C'est au point de vue exclusivement local que nous nous plaçons ; notre relation paraîtra peut-être parfois fade et monotone ; notre sincérité sera notre excuse. Avec le fabuliste nous pourrons répondre :

.... J'étais là ; telle chose m'avint.

Nous tenons à bien établir que notre intention n'est pas de relater les grands faits militaires de cette funeste époque ; notre but, beaucoup plus modeste, est de réunir, de classer une série de petits faits se rapportant tout spécialement au Vendomois, faits qui paraissent aujourd'hui d'une médiocre importance, mais qui, pour les générations qui suivront la nôtre, auront un intérêt tout particulier. La postérité connaitra ainsi notre élan, nos sentiments patriotiques, mais aussi nos fautes, nos aberrations, et, plus sagesque nous, nos enfants se garderont-ils peut-être de tomber dans les mêmes erreurs.

Pour rompre la monotonie du récit, nous ferons précéder chaque journée de la nomenclature des principaux événements qui se sont passés aux mêmes dates en dehors de notre région.

OPINION DE M. EMILE OLLIVIER SUR LA GUERRE

—

La guerre, bien des gens pensent qu'elle est nécessaire ; qu'il y a une question d'honneur à vider entre la France et l'Allemagne. Cela se dit, cela s'écrit et est propagé.

Mais, selon moi, *la guerre serait un désastre.* Je ne parle pas au nom de la fraternité, au nom de ces sentiments qui n'ont rien à faire avec la politique ; je parle au nom des intérêts. L'expérience a confirmé cette parole de Montesquieu : « Ce sont les hommes de guerre « qui ruinent l'Europe. La guerre n'a jamais rien fait, « rien terminé. »

En vain vous seriez victorieux, en vain vous auriez repoussé l'Allemagne, conquis le Rhin : après la victoire vous pourriez désarmer moins facilement qu'avant la guerre. Vous seriez obligés d'augmenter encore vos armées, et le malaise du monde ne cesserait pas.

La guerre n'est donc, selon moi, qu'une solution impraticable, néfaste, un expédient empirique.

La véritable solution, c'est la paix ; mais la paix avec le désarmement, mais la paix avec la liberté, avec la liberté sans laquelle la paix n'est ni glorieuse ni sûre.

Emile OLLIVIER.
(Corps Législatif, 26 mai 1868.)

JOURNAL D'UN VENDOMOIS

—

CINQ MOIS DIX JOURS D'INVASION

1870 - 1871

—

SAMEDI 1ᵉʳ OCTOBRE

A Vendôme et dans sa banlieue, les habitants sont encombrés de troupes. On prévoit déjà combien sera lourd le fardeau qui nous incombe, en présence du flot envahisseur qui menace le Vendomois tout entier ; il s'avance à pas lents, mais ses effets n'en seront que plus sinistres et plus terribles.

Le jour où nous commençons notre journal, les colonnes prussiennes approchent des bords du Loir. La zone qui nous sépare d'elles peut être limitée par une ligne partant d'Orléans dans la direction de Chartres, par Patay et Saint-Péravy-la-Colombe.

Aux nombreux détachements de toutes armes qui depuis longtemps déjà occupaient le quartier de cavalerie, ou logeaient chez l'habitant, étaient venus se joindre, le 29 septembre, plus de 1,500 mobiles du Gers.

Le 1er octobre, 1,200 autres mobiles étaient attendus, et la musique municipale était allée spontanément à leur rencontre; mais, aux portes de la ville, ordre leur fut donné de prendre une autre direction. En même temps, les mobiles du Gers et les autres troupes, infanterie et cavalerie, cantonnées à Vendôme, durent se diriger immédiatement vers la forêt de Marchenoir; un de ces détachements prit position à Cloyes. Notre ville restait donc complétement abandonnée à elle-même.

Avant de quitter Vendôme, le commandant des mobiles adressa la lettre suivante au maire:

« Vendôme, le 1er octobre 1879.

« Monsieur le Maire,

« Au nom du bataillon de la mobile du Gers que je commande, j'ai l'honneur de vous remercier de l'accueil si cordial et hospitalier que vous avez bien voulu faire à tous mes hommes.

« En repartant ce matin pour aller protéger toute la route de Vendôme à Cloyes, nous espérons que, par notre dévouement, nous saurons vous témoigner toute notre reconnaissance.

« Agréez, Monsieur, l'assurance de ma considération distinguée.

« *Le Commandant,*

« J. TABERNE. »

DIMANCHE 2 OCTOBRE

EPHÉMÉRIDES : *Nous apprenons aujourd'hui que les troupes allemandes sont entrées le 30 septembre à Stras-
bourg, que 17,000 hommes environ, y compris la
garde nationale, y ont mis bas les armes ; près de
1,200 bouches à feu, une grande quantité de munitions et le numéraire de la succursale de la Banque de
France, 2 millions appartenant à l'État, sont tombés au pouvoir de l'ennemi.*

Deux régiments de cavalerie arrivent et sont
logés à Vendôme. Bientôt survient, et sans que
la municipalité en ait été prévenue, un troisième
régiment, qui, faute de place, dut chercher asile
dans les communes environnantes. L'arrivée tout
à fait imprévue de ces cavaliers jette partout le
désarroi : pas de vivres, pas de fourrages, et
presque partout le maire, l'adjoint, étaient absents.

On ne peut se faire une idée du désordre qui régnait alors dans notre malheureuse armée ; l'administration de la guerre semblait comme affolée.
Les ordres, donnés d'une façon inconsidérée, ou
mal traduits, exposaient nos troupes à des marches et contre-marches inutiles, qui avaient parfois pour effet de les éloigner de la direction qu'elles devaient prendre; de tous côtés l'encombrement et la confusion. On comprend l'embarras des municipalités pour aider dans sa tâche
l'autorité militaire.

A Vendôme, le maire, de concert avec le commandant de place, remédie autant qu'il le peut à ce
défaut d'organisation. En présence des difficultés

qui surgissent de toutes parts, on peut déjà redouter l'issue d'une campagne entreprise sous de si tristes auspices.

La loi martiale est lue à toutes les troupes qui composent l'armée de la Loire. Elle est publiée à Vendôme à son de caisse.

LUNDI 3 OCTOBRE

Formation des cadres des francs-tireurs de la Sarthe : 4 compagnies à 75 hommes, portant une vareuse noire à parements verts, un sac musette en toile grise et un képi vert ; les officiers ont la tunique à parements verts et le pantalon avec bande verte.

Les voitures, les troupeaux fuyant devant l'ennemi, dont le lugubre défilé avait commencé dans le Vendomois dès le 22 septembre, se succèdent presque sans interruption. La panique est générale ; le cœur se serre devant le spectacle de lourds chariots chargés de fourrages et de meubles qu'on veut ravir à l'invasion. Des femmes, des vieillards, des enfants, accompagnent ce sinistre cortège, poussant devant eux vaches et moutons, toute leur fortune peut-être.

On les interroge, dans l'espoir d'obtenir quelque renseignement, quelque nouvelle ; les larmes aux yeux, ils répondent qu'ils ne savent qu'une chose, c'est que beaucoup de fermes de Beauce sont dévastées par l'incendie, et qu'il n'était que temps pour eux de sauver leurs bestiaux et le maigre butin dont ils pouvaient disposer.

Nos routes se trouvaient ainsi encombrées de

braves et laborieux cultivateurs, fuyant sans but, à
la recherche d'un asile, à la merci de la Providence,
heureux encore de traîner avec eux de quoi vi-
vre eux-mêmes et alimenter leurs bestiaux. Mais le
Vendomois est hospitalier : ces malheureux y trouvèrent partout bon accueil ; les maisons leur furent
cordialement ouvertes, et les prairies furent abandonnées aux troupeaux.

C'est triste à dire, mais, si nos cultivateurs
avaient dû remonter des rives du Loir vers le
plateau de Beauce, ils auraient été accueillis avec
cet esprit dur et hautain qui caractérise le fermier
beauceron. Refoulons cette pénible pensée, et
disons plutôt : Un cœur généreux ne doit pas
connaître celui à qui il offre le sien.

MARDI 4 OCTOBRE

*La formation de l'armée de la Loire est décrétée ce
jour-là. M. le général de La Motte-Rouge est nommé
commandant en chef, et M. le général Borel chef
d'état-major. Cette armée comprend environ 40,000
hommes, répartis en 4 divisions. — Combat de cavalerie au Bois-Hilarion, près d'Epernon, soutenu
par l'artillerie bavaroise.*

Des troupes continuent sans cesse de traverser
Vendôme, par petits détachements, qui vont rejoindre les régiments en formation. Malgré leur
aspect fatigué, le courage et la gaîté ne leur manquent pas, et partout l'habitant les reçoit avec empressement.

La garde nationale est tout à fait organisée. A

Vendôme, les fusils lui avaient été délivrés le 15 septembre ; les exercices et le service d'ordre avaient commencé le 18 du même mois. Dans la banlieue, les gardes nationaux s'étaient réunis le 27 septembre pour la première fois.

Dans la journée retentit dans tout le coteau de Lubidé un bruit lointain ; c'est le premier coup de canon que nous croyons distinguer.

D'Orléans nous arrivent, sur les faits militaires dont la Beauce est le théâtre, des renseignements qui sont en contradiction flagrante avec les dépêches affichées à la sous-préfecture.

Nous devons dire que, le 20 septembre, le sous-préfet avait fait placarder l'avis suivant :

RÉPUBLIQUE FRANÇAISE.
SOUS - PRÉFECTURE DE VENDOME

On ne doit reconnaître comme nouvelles vraies que les nouvelles officielles affichées à la sous-préfecture ou à la Mairie.

Les citoyens fauteurs de troubles par les bonnes ou mauvaises nouvelles qu'ils colportent sur la marche de l'ennemi, ou sur de prétendues victoires remportées par nos troupes, seront déclarés traîtres à la patrie, et signalés comme tels à l'autorité civile et militaire.

Vendôme, le 27 septembre 1870.

Le sous-préfet,
DE MARÇAY.

Telle était la déclaration sous-préfectorale, et le 4 octobre étaient affichées, à la porte de la sous-préfecture même, une dépêche en contradiction formelle avec les faits connus de tous ; aussi la

population se porta-t-elle en foule à la sous-préfecture, pour protester contre les fausses nouvelles que ne craignait pas de propager le citoyen
de Marçay.

Le soir eut lieu, à l'ancien Manège, place du Château, une réunion électorale, où M. Victor Lefebvre vint soutenir sa candidature.

MERCREDI 5 OCTOBRE

*Le général en chef de l'armée de la Loire établit son
quartier général à Chevilly. Le général Reyau, avec
deux régiments de cavalerie, trois bataillons d'infanterie et deux pièces de canon, se porte sur Toury,
qu'occupe la 4e division de cavalerie prussienne. On
s'attend à un engagement sérieux. — Les Allemands
entrent à Gisors (Eure).*

Les nouvelles sont alarmantes ; on se refuse
à y croire.

Le service de la garde nationale est organisé
aussi complètement que possible dans nos campagnes ; des postes sont installés dans les principaux villages. Peut-être une patrouille s'égare-
t-elle parfois au fond de certaines caves ; l'essentiel pour nos soldats improvisés est de rentrer au
poste à l'heure dite. Le rapport de chaque jour ne
signale aucun Prussien ; les nouvelles annonçant l'arrivée des Allemands ne peuvent être que
fausses....

Ordre arrive au maire de chaque commune du
canton de se rendre au Musée de Vendôme, où
doit lui être délivré un nombre de fusils propor-

tionnel à la population de la commune. Mais les armes manquent ; et pendant que les uns se réjouissent de posséder enfin un fusil, les autres sont tout boudeurs de n'en pas avoir reçu ; on console les mécontents en leur promettant des chassepots perfectionnés. Ils en prennent leur parti, et, en attendant le fusil modèle qu'ils ne devaient jamais voir, ils ne manquèrent jamais de faire à leur tour la garde de nuit avec le fusil emprunté aux amis.

Cependant le canon résonne dans le lointain.

Les troupes cantonnées à Vendôme sont sur le qui-vive, prêtes à prendre la direction qu'on leur désignera. L'inquiétude est d'autant plus grande, qu'on est absolument sans nouvelles.

Les avis sont partagés : les uns croient tout perdu, les autres reprennent confiance ; la gaîté semble renaître, et nos soldats, abattus par les tristes nouvelles des jours précédents, retrouvent peu à peu leur entrain habituel.

La veille au soir, a eu lieu à Vendôme la rentrée des élèves du Lycée. Une centaine environ ont répondu à l'appel.

JEUDI 6 OCTOBRE

Deux corps d'armée allemands s'avancent sur nous, l'un commandé par le prince Albrecht, l'autre par le général von der Tann, qui occupe Artenay et Orléans. La 22e division du XIe corps, sous les ordres du comte Ostelberg, fait un mouvement offensif dans notre direction. — Nos troupes éprouvent des pertes importantes au combat de Saint-Rémi (Vosges).

L'inquiétude augmente. Presque partout les travaux sont suspendus.

On n'ajoute aucune créance aux bulletins mensongers placardés à la sous-préfecture ; l'on est las de toutes ces mystifications officielles. Chacun se recueille, et attend en silence les événements.

Tout travail cessant, on s'occupe de l'organisation de la garde mobile ; déjà il est question de former une compagnie de francs-tireurs. On discute le costume qui sera adopté ; frivole préoccupation, quand l'ennemi nous menace de si près !

Que dire de cette variété de costumes, de coiffures, de tous ces corps francs, à qui manquaient, pour la plupart, une tenue convenable et l'esprit de discipline ? Ces soldats improvisés, mal recrutés, mal commandés souvent, étaient tout fiers de se montrer affublés de vestes en velours, agrémentées d'ornements fantaisistes, vrais costumes d'opéra comique, que complétaient une toque, un feutre aux larges bords et à la plume du coq. Francs-tireurs de la Vengeance, francs-tireurs de la Mort, et tant d'autres, n'inspiraient qu'une médiocre confiance ; plus d'un, arborant au chapeau la plume de coq, portait en sautoir une poule dérobée au cultivateur. L'autorité militaire s'émut, à son tour, de ces infractions à la règle, et bientôt parut un décret du gouvernement de la Défense nationale mettant toutes les compagnies franches à la disposition du ministre de la guerre, et les soumettant, au point de vue de la discipline, aux mêmes règlements que la garde mobile.

VENDREDI 7 OCTOBRE

*Formation des régiments de marche ; la constitution des
cadres offre de grandes difficultés : l'armement et l'é-
quipement sont à peine suffisants. — Arrivée de Garibaldi à Marseille. — L'armée de Metz inflige des
pertes sérieuses à l'ennemi.*

Les colonnes allemandes approchent, et les
nouvelles des opérations militaires, ou sont traves-
ties par les journaux, ou font complètement défaut. On décide qu'un courrier se rendra chaque
jour sur le théâtre des événements qui se passent
à nos portes ; mais ce moyen d'informations est
bien vite abandonné.

Chacun songe à sauver ce qu'il a de précieux.
Plus favorisé sous ce rapport que la Beauce, le
Vendomois dispose de vastes caves, de profondes
carrières. Les habitants en profitent, et de tous
côtés le roc recèle linge, mobilier, valeurs ;
en avant de ces cachettes, on construit avec art
des murs appareillés de façon à ne rien laisser soupçonner.

On ne pouvait guère prévoir, alors, que les objets enfouis ainsi resteraient cachés à tous les
yeux pendant plus de cinq longs mois. Aucune
dénonciation n'était à craindre, du reste, devant le
malheur commun. Il faut dire aussi que l'on avait
pris la précaution de faire déposer dans ces cachettes ceux-là même que l'opinion publique con-
sidérait comme étant capables de les dénoncer.

Le temps est superbe ces jours-ci, et des coteaux

de Courtiras nous entendons très distinctement
le bruit sourd du canon.

Le général von der Tann marche de Palaiseau sur Ar-
pajon et Étampes ; la 2ᵉ division de cavalerie alle-
mande rejoint ainsi la 4ᵉ division de cavalerie en avant
d'Angerville, que les Français occupent depuis le 6.
— Le général de La Motte-Rouge ordonne un mou-
vement de recul à la division Reyau, qui quitte Arte-
nay. La division Pothée se porte également en ar-
rière jusqu'à Artenay ; une compagnie de volon-
taires du Gers reste seule à Angerville. — A Metz,
le général Bazaine tente une sortie de trois côtés à la
fois. Il rentre sans succès, après avoir soutenu durant
sept heures un combat très meurtrier.

Arrivée à Vendôme des deux premières divisions du 17ᵉ corps. Le quartier général s'y établit
pour tout le temps que durera la formation de ce
corps.

Les troupes ont déjà supporté de rudes fatigues ; la pluie et le froid ont ébranlé la santé de
beaucoup de nos jeunes soldats, et leur équipement laisse à désirer.

Il serait long et pénible de raconter toutes
les marches et contre-marches imposées, souvent sans résultat, à la plupart des régiments
en formation ; on cite telle batterie d'artillerie qui,
en moins de quinze jours, opéra jusqu'à trois dé-
barquements à la gare de Vendôme. Que de
temps perdu ! que d'hésitations, de fatigues
inutiles !

DIMANCHE 9 OCTOBRE

*Combat d'Angerville, où une compagnie dite des Héros
du Gers tient tête à une colonne bavaroise, et permet
ainsi à l'une de nos divisions qui occupait Toury de se
replier en bon ordre sur Orléans. — La commune
d'Ablis, près de Rambouillet, est le théâtre d'un combat de nuit, où les francs-tireurs firent prisonniers 60
hussards du 16ᵉ régiment (Slesvig-Holstein). Pour
venger cet échec, l'autorité allemande ordonne d'incendier la moitié de la commune, et frappe l'autre moitié d'une lourde contribution de guerre.*

L'organisation de la garde nationale s'achève
dans les communes. A Vendôme, se forment deux
compagnies de banlieue, pourvues de fusils, de vareuses et de képis.

A six heures du matin, une grande revue est passée, aux Prés-aux-Chats, par le commandant du
bataillon. Chacun prend son rôle au sérieux ; on
pressent l'approche du danger.

A la suite de la revue, on s'occupe des élections
qui doivent avoir lieu le dimanche suivant 16 octobre, et l'on commente avec beaucoup d'animation les diverses professions de foi qui sont dis-
tribuées, surtout l'une d'elles, qui donne lieu à
une interprétation équivoque.

Une nouvelle à sensation est l'arrivée à Tours
de M. Gambetta, qui avait quitté Paris en ballon
le vendredi 7 octobre ; ce ballon, après avoir
échappé aux balles des avant-postes prussiens,
avait touché terre à Montdidier, et de là M. Gambetta s'était rendu, par Amiens, Rouen et Le
Mans, à Tours, siège du gouvernement de la Défense nationale.

Une dépêche de Chartres annonce que les francs-tireurs de Paris ont mis en déroute, à Ablis, 105 cavaliers prussiens et fait 67 prisonniers avec chevaux. Cette dépêche est exacte.

On annonce l'arrivée de Garibaldi, qui offre ses services à la France.

LUNDI 10 OCTOBRE

Combat d'Artenay. Le général allemand von der Tann s'avance avec des forces considérables, et met en batterie 80 pièces de canon. La vigueur de cette attaque fait reculer nos lignes, et oblige le général La Motte-Rouge à se replier sur Orléans, pendant que les zouaves défendent vigoureusement Artenay, qu'ils sont, malgré tout, forcés de quitter, non sans avoir éprouvé de grandes pertes. — Incendie aux environs de Dreux, où 4,000 mobiles ont opposé une vive résistance à l'ennemi.

Les événements se précipitent, et la confiance des jours précédents fait bientôt place à la tristesse et au découragement. C'est que de tous côtés les nouvelles sont mauvaises.

Ce jour-là 10 octobre, a lieu à Vendôme la vente publique de 88 chevaux, appartenant aux hussards allemands faits prisonniers à Ablis.

A 8 heures du matin, arrive en gare un train conduisant à Tours les 67 prisonniers, qu'escortent des gardes nationaux de Châteaudun. Ceux-ci s'arrêtent à Vendôme, et un détachement des nôtres accompagne les captifs jusqu'à Tours.

Dunois et Vendomois fraternisent. De part et

2

d'autre, on refoule ses tristes pensées, et l'on boit au succès de nos armées. Cette joie patriotique, hélas, devait être éphémère !

Quelques heures plus tard, se succédaient les nouvelles les plus alarmantes, le bruit du canon devenait de plus en plus distinct. Nos troupes se battaient à Artenay.

De 2 heures à 6 heures du soir, défile dans notre ville la 3e division du 17e corps, maintenant au complet autour de son quartier-général. Les nouveaux arrivés sont en grande partie logés au quartier de cavalerie.

MARDI 11 OCTOBRE

Combat d'Orléans. Après cinq heures d'une défense énergique, il est décidé que nos troupes quitteront la ville. Le bombardement cesse, et l'ennemi s'établit à Orléans. Dans cette retraite précipitée, nous perdons un matériel considérable.

Vendôme regorge de troupes, et c'est à grand' peine qu'on pourvoit à leur campement et à leur subsistance.

Nous apprenons que 3,500 mobiles de la Sarthe ont reçu, à Tours, qu'ils traversaient pour se rendre à Vierzon, l'ordre de se diriger sur Vendôme. Comment parer à tout dans ces circonstances imprévues? Les bureaux de la mairie ne pouvaient suffire à une telle besogne, et l'administration n'eut pas d'autre ressource que d'inviter, à son de caisse, les habitants à donner l'hospitalité aux *moblots*. C'était fort habile, car chacun eut à cœur d'offrir un asile à ces jeunes soldats, qui, aujourd'hui encore, se rappellent la cordiale réception des Vendomois.

Ordre fut donné le lendemain à la mobile de prendre la direction d'Orléans, et de cantonner là où les détachements trouveraient quelques ressources.

On entendait au loin le canon gronder. Sous les murs d'Orléans, 5,000 de nos braves soldats, ainsi qu'en témoigne une médaille frappée à cette occasion, arrêtaient, le 11 octobre, pendant une demi-journée, l'armée bavaroise, forte de 45,000 hommes et de 150 canons.

MERCREDI 12 OCTOBRE

Combat d'Epinal. Cherizy, Brissard et La Mésangère, sont réduits en cendres. Le maire de Dreux, M. Batardon, est fait prisonnier.

Les mouvements de troupes continuent ; plusieurs détachements semblent quitter le théâtre de la guerre.

Les francs-tireurs reçoivent l'ordre de se porter sur Châteaudun, que l'ennemi menace de près. D'après les dépèches officielles, les Prussiens occupent toute la Beauce. Tournoisis est en leur pouvoir, et un corps d'armée se dirige sur Châteaudun.

En même temps, nous apprenons que l'ennemi est entré la veille à Orléans. Cette pénible nou-

velle abat tous les courages ; on se prend à dés-
espérer. Les bruits les plus inquiétants circulent ;
notre armée, dit-on, bat en retraite !

Ce qui ajoute à la panique, c'est que nous
voyons tout le matériel des stations de la ligne
traverser notre gare, pour se rendre à Tours, à l'a-
bri de toute surprise.

A Lubidé, nous distinguions nettement le tumulte qui se produisait sur le plateau de la
Beauce ; l'écho aurait permis de mesurer la distance qui nous séparait du lieu des combats, si
on eût trouvé alors quelque intérêt à des phéno-
mènes d'acoustique.

Les anciens habitants de Courtiras nous ont af-
firmé que, lors des événements de 1814, on perce-
vait, à l'entrée du val des Fontaines, le bruit du
canon de Montmartre ; aussi les habitants du
village venaient-ils au même endroit, pour se rendre compte des événements du dehors.

La consternation est à son comble ; tout travail
cesse à la ville et à la campagne ; les administrations, surchargées de demandes, ne peuvent
répondre à tout. On se presse à la sous-préfecture, puis à la mairie, pour connaître les nouvelles ; mais c'est en vain. L'administration elle-
même n'a pas d'informations.

JEUDI 13 OCTOBRE

*La 2ᵉ division de cavalerie prussienne est chargée de
fouiller la Sologne, et la 4ᵉ de surveiller de près les
deux rives de la Loire. On est sans nouvelles du gé-*

néral français La Motte-Rouge, depuis qu'il a aban-
donné, sans défense, la place d'Orléans, avec un parc
d'artillerie et une partie de ses troupes.

La ligne du chemin de fer continue d'être encombrée de matériel, venant du côté de Châteaudun.

La population est toute surexcitée d'avoir vu
partir, la veille, les francs-tireurs du département
pour Châteaudun. Chacun, à l'approche d'un danger imminent, songe à faire de nouvelles cachettes ; c'est à regret que l'on se sépare d'objets bien
chers, que peut-être l'on ne reverra jamais. Ce
qui est certain, c'est qu'on ne prévoyait guère,
alors, que ces objets resteraient enfouis plus de
cinq mois.

Les nouvelles officielles étaient soumises, avant
d'être affichées, à un comité, qui veillait à ne laisser publier que les dépêches de nature à ne pas
trop alarmer la population, déjà légitimement
effrayée.

Les gens auxquels reste un peu de sang froid
gardent encore l'espoir que les Allemands ne
pourront traverser la forêt de Marchenoir et encore moins le Perche, barrières naturelles, bien
défendues par l'armée de la Loire, et où les
francs-tireurs devaient être d'une utilité spéciale.

VENDREDI 14 OCTOBRE

Garibaldi arrive à Besançon, et reçoit le titre de généra-
lissime de toutes les forces irrégulières de France. —
Le feu des batteries françaises qui défendent les forts
incendie le château de Saint-Cloud. — L'armée de la

Loire abandonne les positions qu'elle avait conser-vées aux portes d'Orléans. Les Allemands occupent Jargeau, Beaugency, et, par la Beauce, menacent la vallée du Loir, Châteaudun, Cloyes et Vendôme. — Dans l'est, l'ennemi livre un combat à Epinal, et éta-blit sa ligne de communication avec Lunéville.

On avait dû renoncer bientôt à cette mesure d'envoyer, sur le théâtre de la guerre, un courrier qui devait nous tenir au courant des événements qui se passaient à nos portes ; il était impossi-ble de pénétrer dans la zone qui séparait les deux armées, et rien ne transpirait des plans arrêtés par nos généraux.

Le départ de toutes les troupes cantonnées à Vendôme cause de nouvelles inquiétudes; la garde des rives du Loir n'est plus confiée qu'à quelques troupes irrégulières et aux gardes nationaux des communes rurales, mal équipés et surtout mal armés. Aucun lien ne les rattachant au quartier général, il y avait bien lieu d'être alarmé.

Les nouvelles des jours précédents ne sont pas faites pour rendre courage à de pauvres citadins, laissés sans défense à la merci d'un ennemi lâche et incendiaire, qui, au mépris de l'humanité et du droit des gens, prétend se venger, de la façon la plus cruelle, de la résistance qu'on lui oppose, comme s'il n'était pas légitime de défendre son foyer. Cet ennemi implacable retient partout, comme otages, des gens inoffensifs, qu'il rend responsables de tous les méfaits commis ou à commettre. Il ne fait cas ni de leur liberté ni de leur vie. Ignore-t-il donc les premiers devoirs de l'humanité ?

SAMEDI 15 OCTOBRE

*Bombardement de Soissons. Tout le pays environnant
est dévasté. Le bruit se répand que 4,000 de nos soldats et 132 canons sont tombés au pouvoir de l'ennemi.
Des troupes réunies sous le nom de corps d'observation
d'Eure-et-Loir, harcèlent les Prussiens ; discipliné,
ce corps rachète son manque d'instruction par son entrain et sa bravoure ; au premier rang, citons les
francs-tireurs de la Sarthe.*

Les nouvelles particulières annonçant que les
Prussiens sont en marche sur Châteaudun, sont
malheureusement exactes, bien que les dépêches
officielles affirment, au contraire, que l'ennemi a
été refoulé jusqu'au milieu de la Beauce.

L'émotion augmente. A la sous-préfecture, se
réunit le comité de défense nationale, qui a été
constitué pour l'arrondissement, et la question
est posée si oui ou non le Vendomois, en l'absence de troupes régulières, opposera de la résistance à l'ennemi. Le comité reconnaît que la
garde nationale, telle qu'elle fonctionne, est in-
capable de faire tête à une armée organisée ; toutefois, il faut, par dévouement à la patrie, employer tous les moyens propres à la défendre ; c'é-
tait demander une véritable guerre de guérillas.
Hélas, quelques jours plus tard, le citoyen de
Marçay devait s'appuyer sur cette décision pour
ordonner, de la façon la plus insensée, la mobili-
sation de la garde nationale de Vendôme !

Nous n'avons pu trouver à la mairie aucune
pièce, aucun rapport, qui aient trait à tous ces faits,
d'une gravité pourtant exceptionnelle.

DIMANCHE 16 OCTOBRE

*Le corps bavarois de la 22ᵉ division quitte Orléans,
pour se rendre à Châteaudun.— Après avoir soutenu
un siège de quatre jours, la place de Soissons est obligée de capituler, malgré la brillante défense de son
artillerie.*

Le soir, sous le coup d'un pressentiment sinistre, nous voyons, de nos coteaux, l'horizon tout
enflammé, dans la direction du nord.

Les dépêches de la journée étaient loin d'être
rassurantes. Prenant une résolution héroïque, la
ville de Châteaudun avait décidé d'opposer au
corps bavarois, qui s'avançait à grandes journées,
la plus énergique résistance. C'était une détermination des plus graves pour nous. A Vendôme, en effet, on savait ne pas devoir compter
sur l'appui de l'armée de la Loire, ni sur les
corps irréguliers, occupés d'un autre côté ; de
plus, la vallée du Loir n'était nullement préparée
pour la défense. On restait donc sous l'impression
des plus sombres pressentiments.

Sur ces entrefaites, M. le président de la chambre des notaires sollicite de M. le procureur de la
République de Vendôme l'autorisation de déposer à l'Hospice les minutes des notaires, qu'il est
urgent de soustraire aux dangers de l'invasion.
Il est fait immédiatement droit à cette demande.

LUNDI 17 OCTOBRE

*Un grand mouvement se prépare à l'armée de la Loire ;
des directions différentes sont assignées aux diverses*

divisions. Les francs-tireurs de Paris et le corps franc de Loir-et-Cher se portent sur Châteaudun, que menace la 22e division bavaroise, qui vient de quitter Saint-Péravy, après avoir exigé une contribution de deux millions.

Pas de nouvelles. Aussi les commentaires plus ou moins invraisemblables vont-ils leur train. Le pays est envahi par de nombreux étrangers, qui la plupart se disent acheteurs pour le compte de l'armée française, et fouillent la campagne en tous sens. Ils s'installent dans les auberges les plus fréquentées, payent largement les bestiaux ou denrées qu'ils se font livrer, mais ne se font pas faute de presser de questions tous ceux qui les approchent, sous prétexte de se renseigner sur la façon la plus facile de faire parvenir leurs achats à l'intendance. Ces allures étranges éveillent les soupçons, et à toutes leurs questions on répond d'une manière évasive. Ce qui nous rend plus défiants encore, c'est que, chaque nuit, des bois les plus rapprochés de nos troupes et de l'ennemi s'élèvent des fusées de couleurs variables, et qui sont, on n'en peut douter, autant de signaux auxquels répondent d'autres fusées. Les gardes-nationaux faisant une garde de nuit, dans la campagne, ont pu, comme nous, constater la fréquence de ces signaux. Des rapports sur ces faits furent adressés à l'autorité militaire, qui n'en tint aucun compte. Bientôt le public n'hésita pas à accuser les propriétaires des bois, d'où partaient ces feux, de se mettre en relation criminelle avec l'ennemi ; pour calmer un peu ces rumeurs insensées, l'autorité procède à plusieurs arrestations ;

des gens inoffensifs, les courriers qui font un service régulier, subissent un interrogatoire ; on va même jusqu'à fouiller les garde-chasse de la forêt de Fréteval, ainsi que les selles de leurs chevaux. Rien de compromettant n'est découvert.

MARDI 18 OCTOBRE

Châteaudun oppose aux 10,000 Bavarois et à la formidable artillerie du général Wittich, une résistance désespérée. Les gardes nationaux de cette ville héroïque, 600 francs-tireurs de Paris et 500 francs tireurs nantais et vendomois, postés derrière des barricades, ont su maintenir l'ennemi à distance plusieurs heures durant, et n'ont cédé que devant le bombardement et l'incendie, qui mettent la ville à feu et à sang.

Nous voici à l'époque où les feuilles tombent des arbres ; mais grande a été notre surprise de ramasser sur le sol une feuille de papier échappée probablement de quelque ballon. Ce n'était autre chose qu'un avis de l'autorité allemande, ainsi libellé :

AVIS AUX HABITANTS.

L'autorité militaire précise les ordres déjà donnés sur le châtiment que l'on appliquerait sévèrement aux villes et villages dont les habitants se rendraient coupables soit de trahison, soit d'attaques, contre le pouvoir administratif ou les troupes allemandes.

Et voilà comment ces gens-là prétendaient être les maîtres chez nous, avant même d'avoir foulé notre sol !

Nous restions sans nouvelles ; c'était de mauvais augure. Chaque fois, en effet, qu'une dépêche
était alarmante, l'administration se gardait de la
publier.

A midi, arrive une dépêche réclamant, à tout
prix, des secours pour Châteaudun.

Le soir, à la tombée de la nuit, l'horizon s'em-
brase, vers le nord, de lueurs sinistres, dont les
reflets éclairent la tour de Poitiers. On pourrait
croire que c'est l'effet d'une aurore boréale. Hélas,
c'est l'héroïque et malheureuse ville de Châteaudun qui est en flammes ! L'incendie est le fait du
bombardement qu'ont dû subir nos voisins, et
aussi de l'odieuse sauvagerie des soldats bavarois, qui enduisent de pétrole les maisons que les
obus ont épargnées.

En présence de cet épouvantable événement, la
terreur est partout ; chacun se lamente, et, dans
la crainte que le sort de Châteaudun ne nous soit
aussi réservé, on met à l'abri tout ce qu'on a
de cher et de précieux ; les meubles, le linge,
voire même des fourrages, sont entassés pêle-
mêle dans les caves en roc ou au fond des carrières.

MERCREDI 19 OCTOBRE

*Le prince Albert détache de son armée le corps que
commande le général von der Tann, vainqueur aux
combats d'Orléans et de Toury, et le dirige sur Châteaudun et Chartres.*

Les ordres sont contradictoires ; l'administration est comme affolée. Pendant qu'on ordonne

aux maires de l'arrondissement de reprendre toutes les armes aux habitants, à Vendôme on fait une nouvelle distribution de fusils à la garde nationale. Rien, cependant, n'est prêt pour une défense, et l'ennemi est à nos portes.

Comme les jours précédents, la sous-préfecture est comme assiégée par les maires des communes voisines, qui viennent demander des instructions. Le désarroi est partout, et on ne peut guère espérer voir adopter une sage résolution. Chacun se résigne et s'en remet à la Providence.

A 11 heures du matin, arrivent à Vendôme des détachements des francs-tireurs qui, la veille, ont pris part à la défense de Châteaudun.

L'horizon est encore tout enflammé ; l'incendie continue ses ravages, dans cette ville désolée.

Sous l'impression de cet horrible drame, les populations des campagnes ne savent à quel parti s'arrêter ; on semble atteint de démence ; beaucoup abandonnent leurs demeures, et vont se réfugier, avec les femmes, les enfants et les bestiaux, dans les bois du voisinage.

Par ordre supérieur, les écoles ferment leurs portes. A Vendôme, les élèves du lycée et des pensions sont rendus aux familles. Les enfants dont la famille habite un pays déjà envahi par l'ennemi trouvent, chez plusieurs habitants, une généreuse hospitalité.

JEUDI 20 OCTOBRE

L'ennemi arrive sous les murs de Chartres. Le conseil municipal décide, malgré le secours que 12,000 hom-

mes de troupes françaises peuvent prêter à la ville,
qu'on ne se défendra pas. Le général Wittich occupe
la ville sans coup férir.

A défaut de nouvelles, comme sœur Anne, on
interroge l'horizon, et, du haut de la tour de Poitiers, l'on cherche à pénétrer le silence mystérieux
qui nous enveloppe.

Le soir, à la brume, arrivent à Vendôme deux
batteries d'artillerie, un détachement du génie et
un régiment de ligne. Ce régiment dresse ses
tentes dans les Grands-Prés, une section d'artillerie occupe le quartier, et les autres troupes s'établissent à Belair, sur la crête du coteau.

L'autorité militaire enjoint à la municipalité de
transformer les bâtiments du lycée en ambulance.
On annonce pour le lendemain une arrivée considérable de troupes.

Comment, des nombreux détachements qui
ont traversé Vendôme depuis un mois, quelques-uns n'ont-ils pas été dirigés sur Châteaudun,
pour aider les habitants et les francs-tireurs à
repousser l'attaque de la division bavaroise ?
Voilà la question que l'on se pose. Les suppo-
sitions vont leur train, et la défiance s'empare
des esprits.

VENDREDI 21 OCTOBRE

Dans l'Aisne, Saint-Quentin est occupée par les Alle-
mands. — Le général Wittich se fait gloire d'avoir
triomphé de Châteaudun ! Orléans est toujours occupé
par la 2e division du général von der Tann ; la 2e di-

vision de cavalerie chevauche en Sologne, qu'elle dé-
sole par ses exactions.— Le général La Motte-Rouge
est établi non loin de Salbris, sur la rive gauche de
la Sauldre.

Les régiments se succèdent à Vendôme, où doivent se constituer les différents corps de l'armée
de la Loire. La plupart sont cantonnés en amont
de la ville, et l'artillerie établit son parc sur les
hanteurs de Belair.

Les mobiles de la Haute-Loire sont installés
au lycée, et d'autres troupes logent en grand nombre chez l'habitant, soit dans la ville, soit dans
la banlieue.

Sous le patronage des dames de la ville, un
comité national et patriotique se forme à Vendôme, dans le but de fournir des secours soit
en argent, soit en vêtements, aux francs-tireurs et
aux mobiles, dont beaucoup sont sans ressources
ou mal vêtus. Ce comité s'occupe aussi de recueil-
lir du linge pour les ambulances.

Malgré les nouvelles mensongères affichées par
les soins du sous-préfet, M. de Marçay, l'inquiétude est générale; on ne s'illusionne plus ; le
gouvernement de la défense nationale paraît inca-
pable de conduire la guerre, et le désir de voir
traiter de la paix commence à couver dans bien
des esprits.

C'est qu'aussi la situation était des plus critique. La municipalité n'osait pas se prononcer.
Pouvait-elle dire ouvertement que la défense de
Vendôme ne devait pas être entreprise ? Et cependant elle informait les habitants que l'auto-

rité allemande ne reconnaissait comme belligérants que les hommes portant un uniforme militaire ; tout citoyen revêtu d'habits civils, pris les
armes à la main, devait être immédiatement fusillé par l'ennemi. Le képi seul étant insuffisant,
le comité de la garde nationale décide qu'il sera
demandé à la maison Franck de Tours un envoi
de vareuses, pour habiller les hommes d'une manière uniforme.

SAMEDI 22 OCTOBRE

*De ce jour date la formation de l'armée de la Loire, dont
le 15e corps est le noyau. La constitution des cadres
offre de grandes difficultés, et l'on doit faire appel à
la bonne volonté des ingénieurs, des architectes, de
ceux que désignent leurs connaissances spéciales.
Beaucoup sont inexpérimentés, mais tous sont animés
du plus ardent patriotisme.*

Les troupes continuent à affluer de partout, et
de nouveaux régiments sont annoncés pour le
lendemain. La municipalité en loge le plus possible dans les établissements publics inoccupés,
en même temps qu'elle s'efforce de créer de nouvelles ambulances, l'hospice ne suffisant plus
aux exigences du moment.

Nos malheureux soldats arrivent le plus souvent exténués ; aussi le conseil municipal décide-
t-il qu'une distribution de vin sera faite aux détachements qui auront eu à supporter de grandes
fatigues.

Vendôme était désigné comme point de concentration de toutes les troupes appelées à composer le 16ᵉ corps. Mais beaucoup de détachements n'appartenant pas à ce corps avaient été dirigés sur notre ville, sans attribution précise ; de là résultait une grande confusion. Du moins, avec toutes ces troupes, nous sentions-nous rassurés, et nous avions peine à comprendre que la ville de Chartres, qui était appuyée par 12,000 hommes de troupe, eût ouvert si facilement ses portes à l'armée allemande.

L'inaction commence à peser aux soldats cantonnés à Vendôme ; les marches et contre-marches qu'on leur demande n'amènent aucun résultat, et ils se plaignent que leurs chefs manquent de cet esprit de suite, de cette initiative, qui font la force des officiers allemands, ainsi que, malheureusement, nous pourrons plus tard le constater nous-mêmes.

DIMANCHE 23 OCTOBRE

Les nouvelles sont mauvaises. Après Chartres, voici Dreux qui capitule, et nos troupes sont obligées de se retirer sans combat. — Dans l'est, la place de Schelestadt tombe au pouvoir des Allemands.

A la pluie du matin succède un temps superbe. Aussi les promeneurs se rendent-ils en foule à Belair, où l'artillerie a établi son parc et où le génie a construit des redoutes. De ce point élevé, l'œil domine la longue ligne de tentes qui occupe toute la plaine entre Vendôme et Saint-

Ouen. C'est à 50,000 hommes qu'on peut évaluer toutes les forces rassemblées en ce point.

Le soir, arrivent encore le 31ᵉ de ligne et un bataillon de chasseurs à pied, le 7ᵉ de marche. Ces troupes, accompagnées de mitrailleuses, venaient de se former à Tours ; elles semblaient exténuées, les chasseurs surtout, qui avaient fait pendant trois jours, sous une pluie battante, des marches et contre-marches à travers champs, de Blois à Vendôme ; on eut pitié d'eux et on les abrita, avec les mobiles, dans les écuries du quartier. La municipalité fit mettre deux pièces de vin à leur disposition ; mais il était dit que les pauvres chasseurs n'y devaient pas goûter. Les deux pièces venaient d'être installées dans la cour du quartier, devant la salle du rapport, et les hommes, tout joyeux, les saluaient au passage, quand un ordre du commandant leur fit défense d'y toucher, voulant les punir des déprédations commises par le bataillon dans les vignobles entre Tours et Blois.

Dans ses *Etapes d'un chasseur à pied,* M. Giraud rappelle cette circonstance, et dit tout le dépit que causa cet ordre du commandant. Le vin était si bon cette année-là !

LUNDI 24 OCTOBRE

A Schelestadt, qu'ils ont fait capituler, les Allemands s'emparent de 120 canons. 400 des nôtres sont faits prisonniers.

Le 16ᵉ corps est bientôt entièrement constitué. Vendôme, avec des allées et venues constantes, présente l'aspect le plus animé, sans compter que de nouvelles troupes arrivent encore chaque jour. Les routes qui aboutissent à notre ville sont littéralement couvertes de voitures, que l'autorité militaire a réquisitionnées afin de pourvoir aux vivres de toute l'armée.

Des hommes isolés, cherchant à regagner le corps auquel ils appartiennent, se présentent à l'état-major de la place, et demandent quelle direction ils doivent prendre. Le public, prompt à juger les choses, semblait les accuser de désertion, tandis que ces malheureux avaient essuyé le feu de l'ennemi, qui avait trop éclairci leurs rangs, et se trouvaient sans chefs et sans ordres.

Le soir, magnifique aurore boréale ; ce rare phénomène donne lieu, naturellement, à de nombreux commentaires. Cette fois, c'était le présage d'une grande guerre et d'un hiver rigoureux.

Les événements devaient, hélas ! justifier les prédictions populaires, qui, d'ailleurs, ne s'étaient pas trouvées en défaut lors des jours troublés de 1830 et de 1848.

MARDI 25 OCTOBRE

Le gouvernement de la défense nationale décide que les corps de l'armée en formation devront se porter sur Orléans, et de là sur Paris. Les 15ᵉ et 16ᵉ corps sont chargés d'opérer sur les bords de la Loire. — A Nogent-sur-Seine, un corps wurtembergeois fait prisonniers 5 officiers et 250 soldats français.

L'immense plaine que dominent les coteaux du

Loir offre un coup d'œil très mouvementé et imposant à la fois : toutes ces tentes, surmontées de drapeaux qui désignent les régiments, les grand' gardes, échelonnées sur les hauteurs des bois de Meslay, et, le soir, les feux du bivouac, c'était un spectacle attrayant pour les promeneurs. Mais aussi comme tout cela prenait d'autres tons, quand la pluie venait détremper les champs, que l'eau pénétrait sous les tentes, que les convois de voitures avaient peine à sortir des ornières !

Le public, distrait par ce mouvement inusité, ne se doutait guère des tracas sans nombre auxquels était en butte l'administration municipale. Les réclamations surgissaient de toutes parts ; les cultivateurs recevaient un bon contre toute réquisition, souvent peu régulière, et les maires des communes venaient à Vendôme demander le mode à employer pour toucher le montant de ces bons. A cette question nul ne savait répondre, pas même le sous-préfet de Marçay, commandant de place par intérim. L'administration militaire, de son côté, ne pouvait arriver à donner satisfaction à tous les intérêts.

MERCREDI 26 OCTOBRE

L'armée de la Loire est loin encore de présenter la cohésion nécessaire pour aller au devant de l'ennemi; la forêt de Marchenoir est occupée, toutefois, par nos avant-postes.

Du Mans et de Saint-Calais arrivent, ce jour-là, de nouveaux régiments ; aux abords de la ville, les

honneurs militaires leur sont rendus par les avant-
postes ; les chefs profitent de cet arrêt, pour
adresser à leurs troupes quelques paroles d'en-
couragement.

La tenue de ces nouvelles recrues était, du reste,
aussi satisfaisante que possible ; bien équipées,
bien armées, elles marchent en bon ordre.

On peut estimer à 60,000 hommes le chiffre des
troupes qui composent le camp.

Grâce à la loi martiale que le général d'Au-
relles de Paladines faisait respecter à la lettre,
la population n'eut que fort peu à souffrir de
cette agglomération de troupes ; la propriété était
sauvegardée.

Mais bientôt, résultat inévitable d'une pareille
agglomération et une humidité prolongée aidant,
se déclarent plusieurs cas graves de fièvre typhoïde et de petite vérole, ces terribles maladies
qui devaient faire tant de victimes !

L'hospice de Vendôme ne pouvait plus suffire
aux besoins les plus pressants. De petites ambulances furent improvisées dans plusieurs maisons particulières; sans autorisation, elles arbo-
rèrent le drapeau à la croix rouge de Genève ; et
si quelques brassards furent irrégulièrement por-
tés, il faut se rappeler seulement les services signalés que rendirent ces maisons hospitalières.

JEUDI 27 OCTOBRE

La France entière, qui a les yeux fixés sur l'armée de
la Loire, s'étonne que ces corps formés au prix de tant

de sacrifices, ne s'ébranlent pas. Hélas ! on ne se doutait guère alors du triste sort qui attendait cette armée, après deux longs mois de luttes et de souffrances !

Par suite de l'encombrement causé par le campement des troupes et la file interminable des voitures réquisitionnées à leur usage, la circulation sur les routes est devenue tout à fait impossible. Un ordre du général en chef prescrit de dégager les abords de Vendôme ; mais telle était la confusion, tel était l'enchevêtrement des convois, que, pendant plusieurs heures, on dut renoncer à quitter la ville.

On apprend que le camp sera levé le lendemain. Les chevaux et les voitures sont requis par l'autorité militaire, ainsi que des hommes pour les conduire. Même réquisition est faite dans les communes voisines. Les cultivateurs, forcés ainsi de marcher à la suite du 16ᵉ corps, étaient très alarmés de cette obligation. Où peuvent-ils espérer s'arrêter dans cette marche en avant ? Déjà l'on est sans nouvelles des hommes et des chevaux qui ont été dirigés sur Saint-Calais, et même plus loin, pour accompagner plusieurs détachements.

Ce que l'on sait, c'est que des troupes ont quitté Tours ; qu'elles ont reçu l'ordre de se rendre à Orléans par Beaugency, en cotoyant la Loire. Leur concentration opérée à Orléans avec les autres corps, l'armée toute entière doit se porter sur Paris. Ces rumeurs prennent consistance, et, devant l'effort que va tenter cette armée formidable pour venger la patrie humiliée, la confiance renaît, la joie est dans tous les cœurs.

VENDREDI 28 OCTOBRE

*Le maréchal Bazaine livre Metz et l'armée française
aux Allemands. Nos pertes sont immenses : cette armée comprenait, en effet, cinq corps d'armée, soit
173,000 hommes, y compris la garde impériale, commandés par 3 maréchaux de France, 50 généraux et
600 officiers. 30,000 de nos soldats étaient malades.
Le matériel abandonné à l'ennemi n'était pas moins
considérable : 541 pièces d'artillerie de campagne,
800 canons de place, 66 mitrailleuses, 300,000 fusils dont 150,000 chassepots, 2,000 voitures du train
et quantité de munitions. 53 aigles, enfin, tombaient
dans les mains allemandes.*

Le camp est levé. Les troupes prennent diverses directions. Le gros de l'armée se porte d'un
côté sur la forêt de Fréteval, de l'autre sur Marchenoir, que menace l'ennemi. 6,000 mobiles
sont dirigés sur Mondoubleau, car on signale
aussi les Prussiens de ce côté.

Tous ceux qui, comme nous, ont assisté au départ du 16ᵉ corps, et ont pu constater sa bonne organisation, étaient pleins d'espoir dans le succès
de nos armes.

Malgré la marche en avant des troupes, le quartier général reste établi à Vendôme.

A peine les régiments du 16ᵉ corps nous ont-ils
quittés, que d'autres troupes nous arrivent ; cel-
les-ci sont logées chez l'habitant.

Pour éviter que la santé publique soit compromise par une trop grande agglomération de malades, on décide que tous les blessés pouvant sup-

porter un déplacement seront évacués sur un autre point. Jusqu'ici, du reste, la mortalité n'avait
rien d'anormal.

SAMEDI 29 OCTOBRE

Combat du Bourget ; 30 de nos officiers et 1,200
hommes sont faits prisonniers. — M. Thiers se rend
à Versailles, pour traiter avec le roi Guillaume d'une
suspension d'armes et poser les conditions de la paix,
qui seront soumises ensuite au gouvernement de Pa-
ris et à celui de la défense nationale.

Toutes les positions sont prises en vue d'une bataille imminente. Les 15e et 16e corps sont réunis ; ils occupent une ligne qui part de la Loire
jusqu'à Fréteval, par Marchenoir. On s'attend
à une lutte sérieuse. L'armée bavaroise et le
corps de Mecklembourg, qui tiennent la Beauce
et tout le pays chartrain, ne font d'autres mouvements que de lancer de tous côtés des reconnaissances, qui pillent et réquisitionnent.

Le temps est pluvieux. Nous sommes sans
nouvelles.

DIMANCHE 30 OCTOBRE

Des troubles ont lieu à Paris ; des bandes d'émeutiers
marchent sur l'hôtel de ville, mais sont dispersées.—
La Banque de France est transportée de Tours à
Bordeaux.

Les gardes nationales des principales communes sont passées en revue ce jour-là. Pour la

première fois, les six compagnies formant le bataillon de Vendôme sont réunies, à 2 heures, sur les Prés-aux-Chats. Leur tenue est bonne.

La revue terminée, on annonce la capitulation de Metz. Le désespoir se lit sur tous les visages. Ce qui restait de notre vieille et belle armée succombait ; comment, alors, relever notre prestige ? Dans un élan patriotique, à coup sûr, mais irréfléchi, le gouvernement de la défense nationale, siégeant à Tours, déclare la guerre à outrance.

LUNDI 31 OCTOBRE

L'insurrection gagne du terrain à Paris. — M. Thiers quitte Versailles, et se rend à Tours. Tout espoir d'armistice est abandonné. — L'affaire du Bourget, dont les détails sont mieux connus, jette un grand trouble dans les esprits.

On voit passer de nouveau des détachements de troupes, qui sont comme abandonnés à eux-mêmes ; ils se plaignent bien haut des fatigues qu'on leur impose, avec ces marches et contre-marches sans fin. Le découragement est partout, et l'on se demande comment, après Sedan, après Metz, on ose continuer une lutte aussi inégale. N'était-ce pas aggraver encore les fautes de l'Empire, qui pesaient déjà si lourdement sur notre malheureux pays ?

✳

DIMANCHE 1ᵉʳ NOVEMBRE

L'armée de la Loire est enfin complètement organisée. Chacune des divisions qui la composent est à son poste de combat.

Des lettres particulières nous apprennent que Paris est en pleine insurrection.

Le sous-préfet de Vendôme, qui, nous le rappelons, tient l'office de commandant de place, fait convoquer la garde nationale sur la place Saint-Martin, et demande des volontaires pour une expédition sur Pezou. A cet appel non justifié répondent nombre de gardes nationaux, qui en sont quittes pour revenir le lendemain, sans avoir aperçu l'ombre d'un Prussien. C'était de la fantaisie pure, que d'envoyer ainsi des hommes mal armés, à peine disciplinés, pour couper les chemins et les routes, alors que nos troupes régulières opéraient en avant. En agissant de la sorte, M. de Marçay compromettait la sécurité de l'armée, plutôt qu'il ne lui venait en aide.

MERCREDI 2 NOVEMBRE

Combat sous les murs de Belfort. L'armistice est officiellement abandonné ; les hostilités reprennent de tous côtés.

Les nouvelles de Paris sont mauvaises ; l'inquiétude est générale.

Nous apprenons que le brave général Chanzy est appelé au commandement du 16ᵉ corps d'armée. Cette nomination est de nature à rendre la confiance ; mais près de l'éminent général s'agitent des hommes sans valeur militaire, qui ont la prétention d'imposer leur opinion et leurs plans.

Par décret en date de ce jour, M. le commandant Lacordaire est nommé colonel de la garde nationale de Loir-et-Cher (2ᵉ légion).

La discipline de fer que le général de Paladines avait introduite dans l'armée de la Loire, recevait chaque jour son application sévère. C'est ainsi que le commandant des francs-tireurs de la Sarthe livrait à la cour martiale de Vendôme deux hommes de la 2ᵉ compagnie, les nommés Raimbourg et *Dieumegarde,* pour des fautes assez légères. La cour, frappée de ce nom prédestiné, prononça l'acquittement des deux prévenus, qui furent reversés dans un autre corps.

JEUDI 3 NOVEMBRE

La ville de Dijon capitule. Le préfet est fait prisonnier. 10,000 Badois entrent triomphalement dans la ville, et en chassent les volontaires commandés par Garibaldi.

Les pluies ont fait place au beau temps. Les nouvelles sont nulles ; on sait seulement que l'armée rectifie ses positions, qu'elle occupe solidement Cloyes, Morée, Fréteval, Marchenoir. Les abords du Loir sont donc garantis, et nous sommes à l'abri de toute surprise. Sous la protection de nos troupes, recommence le triste défilé des troupeaux conduits par les cultivateurs qui fuient

l'ennemi. C'est pour nous un sinistre avertisse-
ment.

*Les nouvelles de Paris sont un peu meilleures ; mais les
troubles qui s'y sont produits rendent impossible
toute négociation de paix.*

Le marché amène une affluence considérable à
Vendôme ; les transactions sont nombreuses ;
les vendeurs, voulant se débarrasser quand même
de leurs denrées, les cèdent à bas prix. Les fournisseurs de l'armée en profitent pour s'approvisionner.

Sur un ordre du maire, la garde nationale de
Cloyes venait de rendre ses armes. Sur ces entrefaites, arrive à Cloyes le commandant des
francs-tireurs de la Sarthe, qui prescrit de réar-
mer les gardes nationaux. Refus du maire. In-
sistance du commandant, qui fait placarder la dépêche suivante :

> *Ministre de la guerre à commandant Foudras,*
>   *à Cloyes.*

Vous êtes autorisé à agir avec une extrême fermeté et
à prendre toutes les mesures que comporte la situation.

4 novembre.   Signé : GAMBETTA.

La route de Vendôme à Cloyes est occupée, ce
jour-là, par les mobiles du Gers et par les francs-
tireurs des Hautes-Pyrénées et de la Sarthe.

SAMEDI 6 NOVEMBRE

Un corps d'armée allemand s'avance, et tient la route
d'Orléans à Châteaudun dans tout son parcours.

Sans nouvelles. On en est réduit aux conjectures, et chacun fait d'amères réflexions.

Le soir, arrive à Vendôme un fort détachement
de mobiles du Lot, qui devaient faire partie du 17e
corps, alors en formation. On les installe au quartier de cavalerie.

Une proclamation du comte de Chambord nous
parvient ; elle peut se résumer en deux mots : Il
faut se consacrer entièrement au salut de la
France, et s'appuyer sur les vertus du peuple sans
flatter ses passions.

Par le *Nouvelliste de Versailles,* moniteur de
l'armée allemande, tombé probablement de la poche de quelque espion, nous apprenons que les
53 aigles et drapeaux livrés à Metz sont déposés
à l'arsenal de Berlin.

DIMANCHE 6 NOVEMBRE

Le fort Mortier, près Neufbrisach, est obligé de capi-
luler. 200 hommes, 5 canons et tout le matériel de
guerre tombent au pouvoir de l'ennemi.

L'ennemi est à nos portes ; aussi redouble-t-on
de vigilance. La garde nationale fait un service
de nuit très régulier. A Vendôme, un poste est établi au quartier de cavalerie.

Ce jour-là le commandant, des francs-tireurs

quittait Mondoubleau pour se rendre à Cloyes. De tous côtés, sur ce parcours, on lui signale les fusées multicolores qui, le soir, s'élèvent dans la direction de Fréteval ; ces signaux, dont le but paraît équivoque, jettent une vive inquiétude dans tout le pays. Les maires des communes voisines et des habitants viennent demander au commandant qu'il prescrive une battue dans la direction des points suspects. Ce dernier s'y refuse ; il menace même les dénonciateurs (car on en était arrivé à désigner certains propriétaires à la vengeance publique) de toutes les rigueurs de la loi martiale. Mal lui en prit, car le *Journal Officiel* publiait, quelques jours après cet incident, cet ordre du jour, lu à toutes les troupes sous les armes :

Vu le rapport du général commandant supérieur des forces de l'Ouest ; un corps de francs-tireurs vient de manquer d'énergie devant l'ennemi, en se repliant sans que rien ne justifie sa retraite ; le commandant de ce corps est révoqué.

Le ministre de la guerre porte à la connaissance de l'armée auxiliaire que tout corps de francs-tireurs qui ne garderait pas une attitude énergique en face de l'ennemi, sera immédiatement dissous et désarmé, sans préjudice du renvoi devant la cour martiale la plus voisine.

Le ministre de l'intérieur et de la guerre,

Léon GAMBETTA.

Le commandant visé par cet ordre du jour fit tous ses efforts pour se disculper ; il y parvint non sans peine, ainsi que le prouve la note suivante publiée par le *Journal Officiel :*

M. de Foudras, commandant des francs-tireurs de la

Sarthe, ayant continué à faire son devoir devant l'ennemi, est autorisé à conserver le commandement dont il
avait été relevé.

LUNDI 7 NOVEMBRE

*Combats de Saint-Laurent et de Vallières. Le succès
reste à nos jeunes troupes, qui avaient devant elles un
corps bavarois, infanterie et cavalerie. Du côté de
Châteaudun, les francs-tireurs de Paris, commandés
par le colonel Lipowski, et les mobiles du Gers, tiennent tête aussi aux colonnes allemandes.*

Le bruit du canon s'entend distinctement dans
la direction de Marchenoir. Sommes-nous à la
veille de la bataille qui doit nous permettre de marcher à la délivrance de Paris ?

De 11 heures à 3 heures, nous saisissons nettement, des carrières de Courtiras-Montrieux, le
sifflement des obus et la fusillade, qui, elle, ne
s'arrête qu'à 5 heures.

Nous voyons encore, pour la dernière fois, des
convois de bestiaux et de mobilier traverser notre
ville. Les cultivateurs qui accompagnent ce butin
n'ont quitté leur ferme ou leur maison qu'à la
dernière extrémité, alors que l'incendie les gagnait
déjà.

MARDI 8 NOVEMBRE

*Capitulation de Verdun, qui livre à l'ennemi 2 géné-
raux, 160 officiers, 4,000 hommes et un matériel de
guerre considérable. — L'armée de la Loire se présente devant Orléans, et oblige le général von der
Tann à opérer un mouvement de recul.*

En quête de nouvelles, on arrive à Vendôme de tous les coins de l'arrondissement, pour connaître les résultats du combat de la veille, dont l'écho a retenti au loin. Le soir seulement, on apprend l'heureuse issue de cette journée.

La situation est bonne pour nos armes. Le général Reyau est à la tête de dix régiments de cavalerie; ses escadrons, appuyés par les francs-tireurs et de l'artillerie, forment l'extrème gauche de l'armée, solidement établie à Ouzouer et à Prénouvellon.

Du côté de l'ennemi, le général von der Tann opère un mouvement de recul, ne laissant que peu de troupes derrière lui, pour la défense d'Orléans.

Ces bonnes nouvelles nous rendent à tous courage et entrain ; à la tristesse, à l'accablement des jours précédents, succèdent la joie et l'espérance. Il semble que nos mauvais jours sont passés, que maintenant la victoire nous attend.

MERCREDI 9 NOVEMBRE

La place de Neufbrisach capitule ; nous y perdons 100 officiers, 5,000 hommes et 180 canons. De l'enquête faite sur cette reddition, il résulte que le commandant de la place a fait tout son devoir, mais que 4,000 mobiles et francs-tireurs l'ont lâchement abandonné.

Le canon a retenti dès 10 heures du matin ; mais le bruit s'éloigne, ce qui nous laisse espérer que nos troupes marchent en avant.

La température est froide ; il pleut, et les chemins, tout détrempés, sont impraticables. Ce n'en devait pas moins être l'un des plus beaux jours de l'armée de la Loire,

Le plan de bataille avait été combiné avec une très grande habileté, et devait amener d'excellents résultats. Nos troupes étaient échelonnées de manière à menacer le flanc de l'armée du duc de Mecklembourg, qui, s'avançant dans le Perche, vers Mondoubleau, Saint-Calais, s'apprêtait à descendre dans le Bas-Vendomois.

Les deux premières divisions du 16e corps quittaient Vendôme, pour se porter au delà de Moréc et de la forêt de Fréteval, avec Châteaudun pour objectif. La 3e division, encore en formation, devait occuper Vendôme. En même temps, les divisions qui tenaient le sud de la Loire revenaient en toute hâte sur Orléans.

Le 16e corps engageait une vigoureuse action du côté de Coulmiers, dans la matinée du 9. Avec un élan remarquable, il enlevait Coulmiers à la baïonnette, bousculait l'armée prussienne, et l'obligeait à battre en retraite dans la direction de Patay.

Sur toute la ligne, d'ailleurs, l'entrain était irrésistible. Parmi les régiments qui se sont le plus vaillamment comportés, citons les mobiles de Loir-et-Cher et les mobiles de la Sarthe.

Le succès de cette belle et héroïque journée aurait été complet, si le général Reyau, qui disposait de dix régiments de cavalerie, et dont la mission était, en cas de succès, de couper la retraite à l'armée bavaroise, avait continué quelque peu la charge de ses escadrons, ce qui aurait permis de s'emparer de 40 canons et d'envelopper 15,000 Bavarois ainsi que l'artillerie qui les soutenait, et qui avait peine à manœuvrer sur ce terrain, entièrement défoncé par les pluies des jours précédents. Pendant que nos troupes gagnent Prénouvellon, l'ennemi put se retirer du côté de Toury.

Une médaille commémorative de la journée de Coulmiers porte cette inscription :

BATAILLE

DE

COULMIERS

9 NOVEMBRE 1870

L'ARMÉE DE LA LOIRE

SOUS LES ORDRES DU GÉNÉRAL

D'AURELLE DE PALADINES

BAT L'ARMÉE ALLEMANDE

ET DÉLIVRE ORLÉANS

JEUDI 10 NOVEMBRE

Entrée de nos troupes à Orléans. L'armée allemande fait un mouvement lui permettant de contourner l'armée de la Loire.

La pluie a fait place à la neige. Rarement cette saison a été aussi mauvaise ; quand on songe aux rudes souffrances qu'ont endurées nos pauvres soldats, campés de la façon la plus sommaire dans la boue et dans la neige, on déplore encore davantage la guerre et tous les maux qu'elle cause.

Dans la journée arrivent de Notre-Dame-d'Oé de nouvelles troupes ; elles ont dû, près de Châ-

4

teaurenault, coucher dans des terres labourées e
couvertes de neige ; aussi leur fatigue est-elle extrême. Les habitants de Châteaurenault, émus de
pitié, étaient venus les chercher et leur offrir le
logement et du feu ; mais ils n'obtinrent rien
de l'autorité militaire; la consigne était inexo-
rable.

A Vendôme, le général de Flandre consentit,
sur la demande de la municipalité, à laisser cantonner ces troupes, partie au quartier de cavalerie, partie dans les environs ; elles y séjournèrent
jusqu'au 18 novembre, date à laquelle devaient se
trouver réunis tous les éléments nécessaires à la
constitution du 17e corps.

Le canon se fait de nouveau entendre et semble
se rapprocher de nous.

Sur vingt-six hommes qui avaient, un mois plus
tôt, été requis pour conduire avec 30 chevaux
d'attelage des vivres au 16e corps, quatre seulement sont revenus ; pas de nouvelles de tous les
autres, pères de famille pour la plupart. Pour
satisfaire aux réclamations qui lui sont faites,
la municipalité décide, après en avoir délibéré,
que de nouveaux conducteurs seront requis avec
leurs chevaux, et se rendront au camp du 16e
corps, accompagnés d'un membre du conseil municipal, chargé d'obtenir, s'il est possible, une
sorte de permutation au profit des premiers
conducteurs requis.

VENDREDI 11 NOVEMBRE

Le grand duc de Mecklembourg prend le commande-

ment des troupes allemandes opposées à l'armée du
général d'Aurelle de Paladines.

Le convoi dont nous venons de voir décider la
formation quitte Vendôme dès le matin ; il prend la
direction de Marchenoir, contrée que lui désigne
le bruit du canon. Nous arrivons à Saint-Lau-
rent-des-Bois, bourg tout fumant encore de l'incendie qui l'a dévasté il y a quelques jours. Partout nous retrouvons les traces horribles de la
guerre. Nous apprenons alors que nos troupes
sont en marche sur Orléans et que les convois suivent les corps d'armée; nous partons pour Saint-
Péravy-la-Colombe. Notre chemin était indiqué
par l'immense désolation que nous avions sous les
yeux : des bauges saccagées, des fermes en ruine,
des champs dont les semailles avaient été arrachées par le piétinement des hommes et des chevaux ; partout, les ravages de l'incendie et de la
mort. Nous rencontrons des blessés cherchant
un abri dans cette Beauce où les ambulances sont
si rares. Voici venir un petit peloton de prisonniers bavarois, qu'on a affublés d'uniformes français; comme coiffure, on leur a donné un képi,
humiliation bien inutile, pendant que leurs casques sont tombés aux mains de quelques brocanteurs, qui plus tard les vendront fort cher aux col-
lectionneurs de trophées.

Nous arrivons au camp de Saint-Péravy. Quel
spectacle lamentable! Fantassins, cavaliers, artilleurs, mobiles, francs-tireurs, marins, tous sont
confondus dans la boue. C'est un désordre inouï.
Au milieu d'eux vont et viennent des gendarmes,

des officiers d'administration, qui cherchent à pourvoir au plus pressé. Plus loin ce sont les convois de vivres, dont les conducteurs ont peine à se frayer un chemin sur ce sol tout boueux, au milieu de chevaux morts et de voitures brisées. Le pourrait-on croire? les cadavres de soldats bavarois gisent sans sépulture dans un champ qui avoisine le cimetière de Saint-Péravy!

Notre demande, transmise au quartier général, est favorablement accueillie ; la permutation est autorisée. La difficulté est de regagner notre poste, vu l'éloignement des divisions du 16e corps. Force nous est de coucher là ; nous choisissons les meilleures voitures, et dans chacune d'elles nous nous installons quatre sur un peu de paille ou de foin et recouverts d'une limousine, D'autres, certes, étaient plus mal couchés.

SAMEDI 12 NOVEMBRE

Les Français occupent Châteaudun. L'armée allemande abandonne ses positions sur cette ligne.

On est matinal au camp, surtout quand on y repose, les uns sur le plancher d'une voiture, les autres, plus malheureux, dans la boue.

Dans les bureaux du quartier général nous récoltons quelques renseignements. Nous avons vu un Bavarois qui avait été trouvé couché sous la paille dans une ferme voisine ; interrogé à l'état-major de la place, ce soldat répondit avec dignité et un aplomb imperturbable, et l'un des gé-

néraux ne put s'empêcher de s'écrier : « Ces drô-
les-là valent mieux que les nôtres! » Réflexion
peu flatteuse pour les vainqueurs de Coulmiers !

Nous apprenons aussi que le général Reyau a
été entendu par la commission d'enquête pour expliquer sa conduite à Coulmiers. Les instructions
qui lui avaient été données étaient très précises : il
devait, avec ses trente escadrons, tourner, en cas
de succès, la droite de l'ennemi, et menacer à la
fois les routes de Chartres et de Paris, coupant
ainsi la retraite à l'armée allemande. La commission d'enquête avait posé au général ces questions : Sa vue ne se serait-elle pas troublée, et n'a-
t-il pas pris pour l'ennemi des bataillons français ? A-t-il reçu trop tard les instructions à lui
transmises? Comment, enfin, expliquer que dix
régiments aient été épuisés à la fois, comme il le
prétend. La justification parut insuffisante.

A la suite de l'enquête, le général Reyau, profondément blessé dans son amour-propre, offrit
sa démission, qui ne fut pas acceptée.

Nous revenons à Vendôme, avec les hommes,
les chevaux et les voitures primitivement réquisitionnés.

DIMANCHE 13 NOVEMBRE

*L'armée du duc de Mecklembourg accentue son
mouvement dans la direction de l'Ouest.*

Les troupes destinées à la formation du 17ᵉ
corps se succèdent à Vendôme sans interruption.
Le camp s'étend jusqu'à Meslay.

Un comité de secours se constitue dans notre ville, sous la présidence de Mme de Trémault, en faveur de la garde mobile, de la garde nationale mobilisée et des francs-tireurs de l'arrondissement de Vendôme. Ce comité fait appel en ces termes à la générosité des dames :

Mesdames,

La victoire est revenue sous nos drapeaux ; l'étranger recule devant un premier succès ; mais, pour maintenir la force aux bras de nos défenseurs, il faut aller au devant des privations et de la maladie. Ils sont là-bas plusieurs marchant les pieds nus dans la boue ; beaucoup sont dénués des vêtements nécessaires; presque tous manquent de flanelle chaude, qui les garantisse des froids de la nuit, de la fièvre et des dyssenteries.

Nous faisons donc appel à votre patriotisme pour venir au secours de nos maris, de nos frères, de nos enfants. Qu'on se le dise dans les villes, les villages, les moindres hameaux : les dons de toute espèce en nature, en argent, seront acceptés avec reconnaissance ; qu'on les remette entre les mains des délégués des dames patronnesses, qui les réuniront au comité central sous la présidence de Mme de Trémault. Tous ces dons seront confectionnés et remis au fur et à mesure des besoins à l'autorité militaire de la légion, qui en fera elle-même la distribution aux plus nécessiteux de la garde mobile, des francs-tireurs et de la garde nationale sédentaire de l'arrondissement de Vendôme.

Vive notre chère et bonne France !

La garde nationale redouble de zèle. On reprend confiance; tout danger semble écarté. A Vendôme et dans chaque commune importante, la garde nationale est passée en revue.

LUNDI 14 NOVEMBRE

*Combats d'avant-postes entre Viabon et Orgères ; le
succès reste aux nôtres. Le corps du prince Albrecht
est refoulé. Les francs-tireurs de Paris s'avancent
jusqu'à Voves.*

Si les troupes sont en nombre dans notre ville,
les espions ne manquent pas non plus, et la surveillance y est à peu près nulle. Il nous tombe sous
les yeux un numéro du *Nouvelliste de Versailles*,
moniteur prussien, numéro échappé de la poche
d'un marchand d'images et de porte-monnaie.
Nous y lisons ces lignes :

Versailles. — Depuis la capitulation de Metz, par le
fait de laquelle 173,000 hommes ont été faits prisonniers, les armées françaises ont encore perdu, jusqu'à la
date du 11 novembre, c'est-à-dire dans un laps de temps
d'environ quinze jours, près de 14,000 soldats, morts ou
prisonniers, savoir : 2,400 à Schelestadt ; 220 à Fort-
Mortier ; 5,000 à Neufbrisach ; 1,400 dans l'affaire du
Bourget ; 4,100 à Verdun, dont 2 généraux, 11 officiers
d'état-major, 150 officiers et sous-officiers ; 302 à Mon-
tereau, et enfin à l'occasion de plusieurs combats de
moindre importance. Dans ces divers faits d'armes, 372
pièces de canon sont tombées aux mains des Allemands.

Nous devons revenir sur la question des brassards et des drapeaux à la croix rouge de Genève.
Nous avons déjà dit l'abus qui en avait été fait.
La municipalité, à qui de nouvelles réclamations
sont adressées relativement à cet abus, ne croit
pas devoir intervenir ni exiger un contrôle qu'il
était, ce nous semble, facile d'établir.

Par arrêté préfectoral de ce jour, M. Louis-André Poirier, de La Ville-aux-Clercs, est nommé lieutenant officier-payeur de la 2ᵉ légion de la garde mobilisée de Loir-et-Cher.

MARDI 15 NOVEMBRE

Quelques engagements partiels ont lieu dans les environs d'Orgères. Le duc de Mecklembourg établit son quartier général à Auneau. — Au Nord, le premier train prussien pénètre jusqu'à Laon.

L'encombrement est partout : les routes ne suffisent plus pour le transport des voitures et des caissons, qui se succèdent sans cesse. On accueille de son mieux les nouveaux arrivés ; mais les maisons sont bondées. Les francs-tireurs de Tours sont cantonnés à Courtiras ; Mont-rieux, Villiers et Thoré, reçoivent les batteries d'artillerie.

Des lettres particulières nous apprennent que des troubles ont éclaté dans le Midi ; c'est avec émotion que les Vendômois savent le général d'Hurbal, qui était venu, il y a quelques années, se fixer dans notre pays, en butte aux violences des émeutiers. Ce général, dès le début de la guerre, avait été appelé au commandement de la division militaire de Toulouse. La garde nationale de cette ville, s'étant insurgée, avait fait prisonniers M. Courtois d'Hurbal ainsi que plusieurs officiers, et, d'après les nouvelles reçues, on pouvait craindre pour leur vie.

Voici comment s'étaient passés les faits :

Il s'agissait de savoir à qui serait confiée la garde de l'arsenal. Comme commandant de place, le général d'Hurbal était d'avis que ce poste appartenait de droit à l'armée ; l'administration civile, au contraire, voulait le réserver à la garde nationale. Pour couper court à ce différend, le général proposa de partager le service de garde dudit arsenal entre l'armée et la garde nationale, jusqu'au jour où serait connue la décision du gouvernement de la défense nationale, auquel il en référerait. Il fut aussitôt traité de suspect par la populace, qui se rua sur la préfecture, où il fut fait prisonnier et gardé à vue par les gardes nationaux. Prévenu, le gouvernement donna l'ordre de le mettre immédiatement en liberté ; mais le général d'Hurbal dut quitter Toulouse, et, blessé au cœur, rentrer à Vendôme ; quelque temps après, il succombait. En lui la France perdait un brave et généreux patriote, qui, en Italie, s'était comme général d'artillerie distingué de la façon la plus brillante.

Le citoyen Duportal, préfet de la République, commissaire de la défense nationale, le véritable auteur du tumulte et de la révocation de l'honorable général, n'eut rien de plus pressé que de faire nommer directeur de l'arsenal son fils, jeune ingénieur des mines, auquel fut conféré le titre de colonel, avec un traitement de 8,000 francs. Pauvre France ! Entre quelles mains était-elle livrée !

MERCREDI 16 NOVEMBRE

Combat de Viabon. Le lieutenant-colonel Lipowski, à la tête de ses francs-tireurs, d'un peloton de chasseurs et de quatre compagnies franches de la Sarthe, surprend à Viabon un régiment de hulans, qui perd une vingtaine d'hommes tués ou blessés et 8 chevaux. — A Belfort, la garnison fait une sortie, mais laisse sur le terrain 200 morts et 60 blessés.

La loi martiale est appliquée dans toute sa rigueur, souvent trop brutale. Un conseil de guerre siège à Meslay, et statue avec une extrême sévérité sur des cas d'insoumission ou d'espionnage. L'émotion la plus vive se produit à Vendôme quand on apprend qu'un jeune soldat appartenant au 45ᵉ de marche (3ᵉ division du 17ᵉ corps), Jean Sastegaray, des Basses-Pyrénées, a été condamné à mort, pour avoir refusé de faire un service commandé. L'exécution eut lieu au Champ-de-Mars, à 8 heures du matin, en présence de détachements de toutes les armes.

Une batterie d'artillerie de 4 rayé, commandée par le capitaine Durand et le lieutenant Lamarre, quitte le camp pour prendre position à Fréteval.

Les troupes semblent pleines d'ardeur, et demandent à se porter en avant. A tous il paraissait urgent de marcher sur Paris, avant que la reddition de Metz n'eût rendu libre d'agir l'armée du prince Frédéric-Charles.

Un arrêté du préfet de Loir-et-Cher fixe le contingent assigné à chaque commune pour la formation de la garde nationale mobilisée, et détermine tout ce qui a trait à la solde, l'armement et l'équipement. La municipalité n'avait reçu aucunes instructions, et il était difficile de connaître le mode à employer pour équiper et habiller, même à leurs frais, les hommes appelés à former cette garde mobilisée.

JEUDI 17 NOVEMBRE

Combat de Dreux. L'armée allemande se porte sur Nogent-le-Roi, occupé par plusieurs bataillons de mobiles. La lutte est vive ; mais l'avantage reste à l'ennemi, qui établit son quartier général à Nogent.

Sept mille soldats environ arrivent à Vendôme, plus une centaine de voitures chargées de vivres, qu'escorte depuis Saint-Calais un détachement de chasseurs. La circulation est complètement entravée sur toutes les routes, sur tous les chemins.

Nous entendons de nouveau le canon, dont l'écho retentit sourdement dans des coteaux du Loir. Officiellement l'ennemi est encore loin de nous ; mais nous avons la certitude qu'il se rapproche. Comme il est arrivé souvent, hélas ! on nous cache ce qu'a de critique notre situation.

Il n'y a plus de doute, la formidable armée du duc de Mecklembourg s'avance sur Tours par la haute Beauce, et cherche à occuper le Perche, de façon à cerner l'armée de la Loire.

Nous avons peine à comprendre comment, en présence de ces faits, soixante mille hommes stationnent immobiles à Vendôme et dans les en-

vïrons, comment le 16ᵉ corps n'a pas quitté Saint-
Péravy, où il campe dans la boue depuis la glorieuse journée du 9 novembre.

Que de temps perdu ! L'ennemi, suivant une
tout autre tactique, est, lui, toujours en mouvement. Il envoie en avant d'abord ses espions, puis
ses éclaireurs, qui rançonnent et pillent tout sur
leur parcours ; d'après les renseignements qu'ils
ont pu obtenir, de nouvelles colonnes sont lancées
plus loin. La lutte, pour les Allemands, est sans
trêve, sans merci.

VENDREDI 18 NOVEMBRE

*Les Prussiens traversent Dreux, et les mobiles se re-
plient devant eux. Châteaudun est réoccupé par nos
troupes, mais la 17ᵉ devision allemande menace de
nouveau cette ville. Combat à Châteauneuf, où nous
perdons 7 officiers et 260 hommes.*

Le jour, la nuit, à toute minute, c'est aux abords
de Vendôme un mouvement continuel. Les municipalités des communes, qui ont pu jusqu'ici satisfaire, non sans peine, aux demandes et aux
réquisitions de l'autorité militaire, se déclarent
impuissantes pour répondre à de nouvelles exigences.

Il est impossible, dans les campagnes surtout,
de donner asile à tous les hommes qui conduisent ou escortent les convois d'approvisionnements, dont la file est interminable, et qui tâchent
de faire halte à portée d'un bois ou d'un jardin.
On fait bonne garde autour des caves ; mais, la

nuit, quelques larcins ont pu se commettre. Pourtant les Vendomois sont hospitaliers, ils ne refusent pas de remplir de cidre ou de vin la gourde du soldat ou du voyageur.

Le soir, nous assistons à un spectacle tout nouveau. De tous ces petits campements s'élèvent des feux qui forment comme une couronne lumineuse à la vallée du Loir. Au-dessus de ces foyers se prépare le souper qui va réconforter nos soldats, et plus d'un mur portera à jamais les traces de ces fourneaux improvisés.

L'inaction commençait à peser à tout le monde, nos soldats semblaient comme démoralisés. L'administration civile appuie une supplique adressée au général commandant, et des ordres sont immédiatement donnés pour se mettre en marche le lendemain.

SAMEDI 19 NOVEMBRE

La 22e division allemande remporte de nouveaux succès dans le Perche, où il eût été pourtant facile de lutter homme à homme, si notre armée ne s'était pas immobilisée dans les funestes plaines de la Beauce. — Combat de Châtillon-sur-Seine.

Grande agitation au camp du 17e corps. Dès le grand matin, de nombreux régiments reçoivent leur ordre de départ, les uns dans la direction de Châteaudun, d'autres pour Marchenoir ; les convois s'ébranlent aussi, et bientôt l'encombrement est tel sur les routes, qu'on a peine à avancer.

Les francs-tireurs et les mobiles sont envoyés

de divers côtés. Le quartier général est maintenu à Vendôme.

Les hôpitaux et les ambulances regorgent de malades; c'est que, on l'a souvent répété et très justement, la rigueur de cet hiver fut pour nos armées aussi meurtrière que le feu de l'ennemi. Exposé à des souffrances physiques aussi grandes, le soldat perd chez nous son élan naturel et se démoralise promptement. De plus, le système de cantonnement, usité par l'armée allemande, est bien préférable au campement de nos troupes, campement que l'on a, du reste, abandonné dans ces dernières années. La tente, en effet, avec tout le fourniment, chargeait le soldat outre mesure, rendait sa marche très pénible, et le garantissait mal des grands vents ou d'une pluie persistante. A cet abri défectueux doivent être attribuées beaucoup des maladies qui décimèrent nos pauvres soldats en cette saison rigoureuse.

Les mobiles du Gers perdent l'un de leurs lieutenants, M. Dufour, très aimé de ses hommes, et qui s'était concilié de nombreuses sympathies dans notre ville. Qui pouvait alors penser que 40 des mobiles qu'il commandait reposeraient, quelques semaines plus tard, à côté de lui dans le cimetière de Vendôme ?

DIMANCHE 20 NOVEMBRE

Les Allemands occupent les environs de Nogent-le-Rotrou. — Le prince Frédéric-Charles transporte son quartier-général à Pithiviers ; les deux armées sont

à la veille d'être en présence. — Une tentative que
font les Français pour délivrer la place de La Fère
échoue.

Nous apprenons que l'ennemi est depuis hier à
Bonneval, et que nos troupes atteignent Châteaudun. L'armée du duc de Mecklembourg menace
tout le Perche, dont la défense n'est nullement
préparée. Et cependant combien il eût été possible,
dans cette contrée pleine d'accidents et couverte
de haies, de soutenir avec succès une guerre d'em-
buscades ! Pour cette lutte auraient suffi, ce nous
semble, quelques milliers d'hommes bien aguerris, harcelant l'armée prussienne sans trève ni
merci. Une vraie guerre de Vendée pouvait être
menée à bien dans le Perche. Au lieu de cela, ce
pays était abandonné aux gardes nationaux, qui,
mal équipés, mal dirigés, ne pouvaient opposer
de résistance sérieuse.

Le Perche, avec ses bois, ses clôtures, ses fos-
sés, nous paraissait inexpugnable, et on pouvait
croire qu'une armée ne s'engagerait pas dans un
pays où l'artillerie ne pouvait manœuvrer, sous
peine de payer cher son imprudence. Il n'en fut
malheureusement pas ainsi.

Les mobiles du Lot, qui sont cantonnés à Vendôme depuis le 5 novembre, reçoivent l'ordre de
se diriger sur Fréteval.

LUNDI 21 NOVEMBRE

La 22e division allemande pénètre de plus en plus dans
le Perche et occupe La Loupe. — Ham tombe au pou-

voir de l'ennemi. — *Combat de Brétoncelles, où
nous succombons sous le nombre*

L'ennemi approche. La garde nationale fait,
dans toutes les communes menacées, un service
de nuit; mais chacun agit à sa guise ; la direction fait complètement défaut.

Les mobiles d'Indre-et-Loire, arrivés à Montoire depuis le 8 novembre au nombre de 1,200,
reçoivent enfin l'ordre de se porter en avant. Les
Prussiens sont aux portes de Saint-Calais.

De nouvelles troupes arrivent à Vendôme, pour
prendre dès le lendemain la route de Marchenoir. La défense du Vendomois se trouve ainsi
laissée à quelques gardes nationaux, ou à quelques compagnies isolées qui n'appartiennent à aucun corps. Le bruit court que les Prussiens sont
à Mondoubleau.

Autant dire que notre pays se trouvait maintenant sans défense. Nous étions à la discrétion de
l'ennemi, car le moindre coup de fusil tiré par des
gardes nationaux, que l'autorité militaire allemande avait peine à admettre comme belligérants,
pouvait attirer sur tout un village de terribles représailles.

Aujourd'hui ont lieu, au milieu d'une foule at-
tristée, les obsèques de notre brave et regretté
compatriote, M. Oscar Sampayo, commandant du
2ᵉ bataillon des mobiles de Loir-et-Cher, qui a
succombé aux suites d'une cruelle maladie.

MARDI 22 NOVEMBRE

*Le grand duc de Mecklembourg établit son quartier
général à Nogent-le-Rotrou.— Combat de Bellême.—
Bombardement de Thionville.*

Les dernières troupes quittent notre ville. Nous
sommes livrés à nos propres forces, et la cavalerie prussienne a fait hier soir une incursion au
Gault et dans plusieurs communes voisines ! Cette
nouvelle cause une profonde émotion ; comment,
en effet, la garde nationale pourrait-elle seule supporter le choc de troupes remarquablement or-
ganisées et disciplinées ? Il était dur, il faut en
convenir, de se laisser piller et rançonner par un
ennemi implacable, sans lui opposer la moindre
résistance ; et pourtant n'était-ce pas folie, mal
équipés, mal armés que nous étions, de chercher à
lutter contre des régiments réguliers et aguerris ?

C'est ce que voulut tenter le sous-préfet de
Marçay, qui, nous l'avons déjà dit, remplissait à
Vendôme l'office de commandant de place. A ce
titre, il ordonne aux gardes nationaux des communes de l'arrondissement de se tenir prêts à
toute éventualité.

MERCREDI 23 NOVEMBRE

*La place de Belfort est complètement investie.
Le bombardement de Thionville continue.*

Dès le matin, un ordre du commandant de place
convoque la garde nationale de Vendôme. On se

réunit sur la place Saint-Martin ; aux gardes nationaux se joignent quelques mobiles du Gers,
quelques francs-tireurs isolés, et bientôt la petite troupe, comprenant 500 hommes environ, se
dirige, sous la direction du citoyen de Marçay,
vers la gare, où est préparé un train spécial pour
Cloyes. Les dispositions sont si bien prises, qu'on
dut attendre à la gare plus de deux heures avant
de monter en wagon. Enfin, à 4 heures, le train
s'ébranle, et, une heure plus tard, arrive à Cloyes,
quand déjà la nuit envahit tout de ses ténèbres.
Les compagnies se forment ; voici la colonne en
marche dans la direction de Droué, à travers un
pays couvert et coupé de haies. On recommande
un silence absolu, car l'ennemi est tout prêt, et
il s'agit de le surprendre. Halte à Droué, où l'on
arrive vers 11 heures, et où l'on doit coucher.
Mais bientôt le rappel bat : on apprend que les
Prussiens se sont montrés à Saint-Marc-du-
Cor, et, à 1 heure du matin, l'on se met en route
pour Le Gault.

Examinons de sang-froid le résultat que pouvait amener cette expédition toute fantaisiste. N'é-
tait-ce pas sacrifier, sans profit possible, la vie de
tous ces pères de famille ou chefs d'industrie qui
avaient obéi à l'injonction sous-préfectorale ? Une
rencontre avec l'ennemi aurait eu lieu : malgré
leur dévouement, qu'auraient pu faire nos gardes
nationaux, mal armés, sans direction, insuffisam-
ment préparés à la lutte, en présence de soldats
éprouvés, que leurs chefs tenaient si bien en
main ? De plus, cette bravade inutile pouvait attirer
les plus terribles représailles sur les habitants du

pays, si les gardes nationaux se trouvaient aux prises avec l'ennemi.

Nous devons encore parler ici de ces fusées qui s'échangeaient entre les bois du Perche et le camp ennemi. L'espionnage est évident ; il se traduit par des flammes de couleurs variées qui correspondent, ce n'est pas douteux, à des signaux convenus. On rapporte de nouveau ces faits à l'Administration ; mais, loin de s'en occuper, elle ne fait même pas une enquête, qui aurait déjà donné satisfaction, dans une certaine mesure, à l'opinion publique ; on n'avait pas oublié la punition infligée, quelques jours plus tôt, au commandant des francs-tireurs de la Sarthe, qui avait refusé de fouiller les bois de Fréteval.

JEUDI 24 NOVEMBRE

Dans le Nord, nos troupes subissent des pertes à Mézières et au Quesnel. — Thionville capitule : 4,000 hommes et 200 canons tombent au pouvoir de l'ennemi. — Reddition de La Fère : 2,000 hommes et 70 canons défendaient cette forteresse. — Dès ce moment, l'Alsace et la Lorraine peuvent être regardées comme perdues pour la France.

On est vivement inquiet ; les nouvelles, les dépêches se croisent et se contredisent ; toutes sont mauvaises.

Mais ce qui met le comble à la surexcitation des esprits, c'est l'ordre donné à tous les gardes nationaux restés à Vendôme de se réunir immédiatement, sans distinction, et d'aller rejoindre le pre-

mier détachement parti la veille. Quelques gardes
nationaux des communes voisines se joignent vo-
lontairement à cette seconde colonne d'expédition, que le chemin de fer transporte également à
Cloyes. Au son du clairon, nous nous dirigeons
vers la place, où, avec une certaine ironie, les
ouvriers et bourgeois de cette petite ville, qu'on
avait désarmés aussitôt après le départ des troupes, nous félicitent d'être venus les distraire un
peu. Bien plus, le maire nous fait adroitement
comprendre que, l'autorité du sous-préfet de Vendôme ne pouvant s'exercer que dans son arrondissement, nous n'avons aucun droit de séjourner en armes sur le territoire d'un autre département, sans l'autorisation du ministre de la guerre.
La loi est formelle sur ce point.

La nuit venue, nous prenons la route de Mondoubleau ; nous marchons en silence, droit devant nous, dans un pays que nous connaissons
fort peu. La moindre alerte nous mettrait dans un
cruel embarras. Nous apprenons alors que le premier détachement occupe La Chapelle-Vicomtesse, où nous avons chance de la rejoindre. Nous
y arrivons à 11 heures du soir ; mais nos compa-
gnons d'armes, qui, en effet, avaient fait une halte
là dans la soirée, avaient quitté La Chapelle pour
se rendre à La Ville-aux-Clercs. On avait d'abord
décidé de prendre un peu de nourriture et de repos ; mais le maire nous fit observer que nous
aurions grand'peine, à cette heure avancée surtout, de nous procurer quelques vivres ; en outre,
les Prussiens étaient entrés à Mondoubleau, et
pouvaient nous surprendre d'un moment à l'au-

tre, sans qu'il nous fût possible de leur tenir tête ;
de plus, notre présence pouvait attirer sur la
commune l'incendie et le pillage. Nos officiers se
rendent à ces bonnes raisons, et nous partons
pour La Ville-aux-Clercs, où nous retrouvons
enfin la première colonne.

Exténués, préoccupés au dernier point, nous
cherchons un asile où nous pouvons Les auberges sont pleines ; on nous y sert mal quelque ra-
goût et du vin, qui apaisent difficilement notre
faim et notre soif. De table en table va et vient une
sorte de mégère mal vêtue et coiffée d'une capeline
qui cache en partie son visage. Elle est envoyée,
dit-elle, par M. le Maire de La Ville-aux-Clercs,
pour prier les gardes nationaux de quitter au plus
vite la commune, car les Prussiens occupent la
forêt de la Gaudinière. Rebutée d'un côté, elle recommence d'un autre, et les quolibets ne lui sont
pas ménagés. Nous ne comprenons rien à cette
mystification.

Mais revenons en arrière, et rappelons ce qu'é-
tait devenue la première colonne que commandait,
sous les ordres du sous-préfet de Marçay,
M. Comte, chef de bataillon de la garde nationale.
Arrivés au Gault à trois heures du matin, nos
pauvres camarades s'installèrent comme ils purent dans des granges, sur un peu de paille, pour
y trouver quelque repos bien gagné, car ils
avaient marché neuf heures durant. L'ennemi
était signalé à quelques kilomètres de là, à La
Chapelle-Royale, et dans chaque grange, l'un des
nôtres dut faire le guet pour donner l'éveil en cas
d'alerte. Au petit jour, tout le monde est sur pied,

tâchant d'obtenir des habitants quelque nouvelle. Ils ne savent rien, ou ne veulent rien dire ; ce qui est certain, c'est qu'ils sont extrêmement inquiets et semblent désirer notre départ ; que l'ennemi se présente, ils paieront cher la résistance que la garde nationale tentera de lui opposer. Enfin, à 8 heures, l'ordre est donné de quitter Le Gault, de revenir à Droué, y faire halte, et de là rentrer à Cloyes. Le soleil éclaire cette pittoresque contrée ; sans la fatigue et les préoccupations qui nous serrent le cœur et commandent le silence, nous jouirions du magnifique panorama qu'offrent, dans cette saison d'automne, les coteaux si accidentés du Perche. Sur notre passage, nous ne voyons que gens effarés; tous s'attendent à recevoir, d'un moment à l'autre, la visite des éclaireurs allemands. A midi, nous sommes à Droué, non sans avoir laissé sur le bord du chemin quelques-uns des nôtres, épuisés par cette marche excessive.

On déjeune à Droué. A 2 heures, la colonne se met en marche sur Cloyes; mais à peine avions-nous fait quelques pas, qu'un exprès à cheval vient à notre rencontre : il nous apprend que les Prussiens menacent Saint-Agil et Mondoubleau ; que le sous-préfet de Marçay, qui, le matin, au Gault, avait abandonné la colonne pour se rendre avec quelques volontaires à Saint-Agil, nous donne l'ordre de nous porter sur Mondoubleau par La Chapelle-Vicomtesse. Après avoir tenu conseil, les officiers, non sans hésiter, décident de revenir en arrière. A Droué, nous retrouvons plusieurs des nôtres, qui s'y étaient attardés. On leur

annonce que les Prussiens sont tout près de là, et
on leur conseille de suivre la colonne ; ils n'en
font rien. Mal leur en prit, car, une heure plus
tard, deux d'entre eux, MM. Benàtre, ferblan-
tier, et Bataille, charron, payaient de leur vie cette
imprudence. Plus heureux, M. Chartraire porte-
drapeau du bataillon de Vendôme, fait prisonnier à Droué, fut emmené à Chartres.

De Droué à La Chapelle - Vicomtesse, nous
sommes à portée de l'ennemi ; s'il avait mieux
connu le désordre qui était alors dans nos rangs,
il nous aurait certainement attaqués et mis en déroute. Au lieu de marcher en rangs serrés, la colonne s'étendait sur une grande longueur, et il est
probable que les détachements ennemis qui four-
rageaient dans le voisinage ne se sont pas crus
en nombre suffisant pour engager la lutte.

A la tombée de la nuit, nous arrivons tant bien
que mal à La Chapelle-Vicomtesse, non sans avoir
entendu, dans les taillis qui bordent la route, un
mouvement inusité, et même quelques coups de
feu éloignés qui dénotent la présence de l'ennemi.
Nous étions exténués. Dans ces conditions, pou-
vions-nous poursuivre notre marche sur Mondoubleau ? C'eût été un acte insensé ; ainsi en jugè-
rent nos officiers, qui, après s'être concertés à la
mairie, résolurent de prendre la direction de
Chauvigny et de La Ville-aux-Clercs, où, nous
l'avons vu plus haut, devaient, dans la nuit, venir
nous rejoindre les gardes nationaux que nous
avions laissés à Vendôme.

Cette triste équipée suggère de pénibles ré-

flexions. Tous les hommes valides de Vendôme,
800 environ, de qui dépendait l'existence de tant
de familles, venaient, de par la volonté d'un seul,
le citoyen de Marçay, de fatale mémoire, d'échapper à la mort. Sans direction, sans guide, sans
but, ils avaient erré, durant deux nuits et un jour,
dans un pays tout enchevêtré de haies épaisses,
où l'ennemi eût pu facilement les envelopper, sans
courir lui-même de grands risques. C'est à la Providence que nous devons d'être sortis vivants de
cette sotte expédition ; elle n'eut d'autre résultat
que de coûter la vie à deux Vendomois, qui n'a-
vaient même pu faire usage de leurs armes.

Le vendredi matin, les deux colonnes rentraient
à Vendôme, après avoir fait, la première 75 kilomètres, la seconde 40 kilomètres, et non sans
avoir couru le risque d'être massacrées, ou tout
au moins faites prisonnières. On juge de l'émotion
que causa notre retour ! car, en notre absence, les
plus sinistres nouvelles avaient couru sur notre
compte, et plus d'une famille était dans la désolation.

Rappelons maintenant ce qui s'était passé d'un
autre côté. A Mondoubleau, les Prussiens envoient quelques obus sur la ville sans défense ;
le maire est tué sur la route. Souday fait un
semblant de résistance ; mais l'ennemi l'envahit
bientôt, et se venge en exerçant le pillage de la
façon la plus cruelle. Enfin les Bavarois sont
signalés à Savigny, à Fortan, à Lunay, à Saint-
Marc-du Cor. Partout ils rançonnent les habitants, ou leur infligent les traitements les plus
odieux.

VENDREDI 25 NOVEMBRE

Les Bavarois se portent sur Montmirail ; la 22ᵉ divi-
sion, que commande en personne le duc de Mecklem-
bourg, occupe Brou, Bonneval et Toury. L'armée de
Frédéric-Charles s'avance de Pithiviers sur Orléans,
et menace de près l'armée française. — Les nouvelles
du Nord ne sont pas moins inquiétantes. Après les
capitulations de La Fère et de Thionville, nous appre-
nons la soumission d'Amiens.

A peine la garde nationale, arrivée le matin de
son expédition du Gault, a-t-elle pu prendre quelque repos, dont elle avait tant besoin, que les cris
Aux armes ! retentissent dans la ville ; l'un des
avant-postes établis sur la route du Mans signa-
lait les Prussiens non loin de Courtiras.

Les nouvelles affichées à la sous-préfecture,
nous leurrant comme toujours, laissent croire
que les Prussiens ont subi d'importants échecs. La
vérité, la voici. Un corps de 2,000 Bavarois occupe Mondoubleau et Droué ; un autre de 10,000
hommes, avec 36 canons et 4 mitrailleuses, envoie des détachements à Fréteval, Busloup, Danzé
et Savigny. Arville et tout le Perche sont livrés au
pillage ou à l'incendie. On peut, du reste, évaluer
à 25,000 hommes le nombre d'Allemands qui ont
semé, dans ce pays, la ruine sur leur passage
jusqu'au 27 novembre, époque à laquelle ils se
replièrent brusquement, avec tout leur butin, vers
Châteaudun.

A 1 heure du soir, un détachement de Prussiens assez nombreux s'établit à Azé, et envoie à

Courtozé, en éclaireurs, 14 uhlans, qui poussent leur reconnaissance jusqu'à Huchepie et Courtiras, à 3 kilomètres de notre ville. Là se trouve un avant-poste français, qui tire sur les cavaliers, mais sans les atteindre. Au bruit de ces coups de feu, accourt une compagnie des francs-tireurs de Tours ; elle se cache dans le bois des Ouris et décharge ses fusils sur les hulans attardés, pendant que quelques gardes nationaux occupent les bois Goulards, sur la route d'Azé.

Revenons à Vendôme, où la fusillade de Courtiras avait été entendue. Le rappel est battu ; mais la garde nationale, épuisée par la fatigue et les émotions des jours précédents, n'existe plus de fait ; et d'ailleurs le citoyen de Marçay n'est plus là pour donner des ordres ; il s'est blotti, sous un déguisement villageois, dans un fossé, aux abords de Saint-Agil.

Pourchassés par les francs-tireurs, effrayés par les tintements de la cloche de Naveil qui sonne le tocsin, les hulans tournent bride ; couchés sur leur monture, ils se sauvent au galop, en laissant l'un des leurs frappé mortellement. De notre côté, nous avions perdu deux hommes.

C'était jour de marché à Vendôme. On juge du désarroi causé par la panique de Courtiras ! Les magasins se ferment ; les légumes et autres denrées sont enlevés en un tour de main : l'on s'attend à voir arriver les Prussiens.

Le soir, quelques gardes nationaux se portent d'eux-mêmes, sans ordre, sur le coteau de Belair, mais ne rencontrent aucun ennemi.

A Lunay, ce soir-là, se présentent 15 uhlans,

qui traversent ensuite Les Roches et Montoire.
En même temps, les bourgs de Danzé, Epuisay,
Souday, Baillou, Rahay, Cormenon et Mondoubleau, sont envahis par tout un corps d'armée,
qui rançonne impitoyablement, et prend partout
des otages. Le quartier général de la 5e division
de cavalerie allemande est établi à Epuisay.

SAMEDI 26 NOVEMBRE

Les trois divisions de l'armée du duc de Mecklembourg
se concentrent à Marboué, qu'avaient occupé la veille
les troupes du général de Sonis. La lutte est immi-
nente.

De petits détachements arrivent de divers côtés, à la recherche du corps auquel ils appartiennent. Ils se forment en une compagnie mixte, et
font le service de grand'garde : ils sont complètement livrés à eux-mêmes, sans direction, sans
aucun ordre.

Cependant les Prussiens sont cantonnés à Azé
au nombre de 6 à 800. Quelques gardes nationaux de Villiers surprennent leurs éclaireurs
dans les bois de La Roche et de Courtozé ; plusieurs francs-tireurs arrivent à la rescousse,
mais deux d'entre eux sont blessés grièvement.
Les Prussiens se retirent sur Azé sans éprouver
de pertes, la compagnie mixte n'osant traverser
la forêt de Vendôme pour les poursuivre. Plus
entreprenants, des habitants de Courtiras et de
Mont-rieux se rendent aux abords d'Azé, et peuvent, du haut des derniers chènes de la forêt, aper-

cevoir sur la place du bourg les casques allemands.

Le matin du même jour, 53 uhlans tombent à
l'improviste sur la commune de Lunay, se font
remettre les fusils de la garde nationale, au nombre de 23, qu'ils brisent et brûlent sur la place,
puis exigent une provision complète en pain, vin,
fourrages et tabac.

Vers deux heures du soir, des ordres arrivent
tout à coup, et brusquement, de tous les coins du
Vendomois, l'armée allemande exécute un mouvement rétrograde, qui présage d'importants événements.

A Vendôme, les ambulances regorgent de malades, la mortalité y est effrayante : 10 décès sont
constatés à la date de ce jour.

A Epuisay, ont été amenés et enfermés dans
l'église 68 prisonniers militaires ou civils ; ces
derniers ont été pris comme otages à Mondoubleau et dans plusieurs communes du Perche.
Ces malheureux subissent là d'odieux traitements, et l'officier commandant les Bavarois qui
les gardent leur en promet bien d'autres pour le
lendemain. En effet, le dimanche matin, on les fit
sortir de l'église un à un, entre deux rangées de
soldats, au nombre de 50, armés de bâtons et placés à cinq mètres les uns des autres, et nos pauvres compatriotes furent tous meurtris de coups
par cette infâme bastonnade. Un des Bavarois,
ne trouvant pas un bâton à sa guise, s'était emparé d'une barre de fer, et s'apprêtait à en faire
usage, quand le général Schmitt intervint et ar-
rêta le bras de ce farouche Allemand.

M. le curé de Rahay, auquel nos ennemis avaient montré une haine particulière, fut conservé pour la fin: à coups de pied, de crosses de fusil, on le poussa sous les bâtons que maniaient les cuirassiers bavarois; il eut le malheur de tomber: les soldats redoublèrent les coups, et le laissèrent pour mort sur la place.

Tous les prisonniers civils, au nombre de 39, furent ainsi victimes de la brutalité allemande; les 29 autres, portant un uniforme, furent conduits dans le chœur de l'église et gardés comme prisonniers de guerre.

Ce sont là des faits d'une barbarie révoltante, qui déshonorent à tout jamais le peuple qui s'en rend coupable.

DIMANCHE 27 NOVEMBRE

Les Français, qui occupaient Châteaudun depuis le 11, se retirent devant des forces considérables. Un corps allemand se dirige sur Tours. — Dans le Nord, le général Farre, qui a subi des pertes importantes aux portes d'Amiens, se retire sur des points fortifiés.

Les Prussiens continuent leur mouvement en arrière sur Cloyes et Châteaudun, et quittent précipitamment le Perche, réquisitionnant sur leur passage chevaux et voitures. A Azé, leur départ est si brusque, qu'ils abandonnent des voitures chargées de provisions ; le lendemain, sur les ordres d'un capitaine des mobiles du Gers, elles furent conduites à la ferme de Gorgeat.

Le sous-préfet de Marçay, que nous avions

laissé dans le Perche, reparaît à Vendôme. En apprenant que les Bavarois sont venus, en son absence, presque aux portes de la ville, il se met en devoir d'ordonner une nouvelle expédition ; il décide que plusieurs compagnies de la garde nationale iront, sous la direction du capitaine Gauthier, couper les routes entre Vendôme et Cloyes. Un train est commandé ; mais de tous côtés l'on proteste, et avec raison. Comment, en effet, admettre l'urgence de ce travail au moment même où rétrogradait l'armée allemande ? C'est alors que des femmes, furieuses de voir partir ainsi, sans motif plausible, leurs maris ou leurs frères, se précipitent à la gare : Les Prussiens, s'écrient-elles, occupent Courtiras, La Garde, La Tuilerie ! Cette manœuvre réussit ; les wagons se vident à la hâte, on se culbute et l'on court dans les directions indiquées. Le train part quand même, n'emportant qu'un petit nombre de volontaires.

Dans la soirée, l'arrêté suivant est placardé sur les murs :

18ᵉ DIVISION MILITAIRE. 3ᵉ SUBDIVISION.

Le général commandant la subdivision, chef militaire du département de Loir-et-Cher,

Considérant :

Que le département est envahi sur certains points de l'arrondissement de Vendôme ;

Qu'il y a lieu de prendre les mesures nécessaires à la défense du territoire ;

Vu le décret du 14 octobre 1870, qui l'autorise à convoquer les gardes nationaux jusqu'à l'âge de 40 ans ;

Arrête :

Art. 1er. — Les gardes nationaux du département de Loir-et-Cher, jusqu'à l'âge de 40 ans, sont convoqués à la défense du territoire.

Art. 2. — Conformément à l'article 6 du décret précité, ils sont, à partir de la présente convocation, placés sous le régime des lois militaires ; en conséquence, s'ils manquent à l'appel, ou s'ils n'accomplissent pas leurs devoirs de soldats, ils sont passibles des peines prévues par le code de l'armée.

Blois, le 26 novembre 1870.

Michaux.

Les gardes nationaux ne rentrent pas ; mais nous savons qu'ils sont employés à couper les routes à Pezou, Binas, Fréteval. En donnant ces ordres ridicules, notre sous-préfet n'avait pas prévu qu'il entraverait bien plus la marche de nos troupes que celle de l'ennemi.

Dans la soirée, arrivent plusieurs détachements d'infanterie, qui sont dirigés immédiatement sur Fréteval.

LUNDI 28 NOVEMBRE

Combat de Beaune-la-Rolande contre le 10e corps allemand ; nous y perdons 3,000 des nôtres. Le résultat de ce combat est indécis.

Quelques troupes arrivent encore à Vendôme, en groupes isolés et sans itinéraire défini. Les mobiles de Vendôme se trouvent en partie campés à Courtiras. Le citoyen de Marçay ne peut décidément pas se tenir en repos : ne s'avise-t-il

pas de faire arrêter le maire de Lunay, M. Fourmy, pour avoir livré à 50 uhlans les 23 fusils de
la garde nationale qui étaient en dépôt à la mairie!
Il le fait conduire sous bonne escorte à Tours, où
il fut relâché après quelques jours de détention pré-
ventive. Non content d'avoir infligé une pareille
humiliation à cet honorable maire, notre sous-
préfet accuse publiquement M. Fourmy de lâcheté
envers la patrie. En somme, le maire de Lunay, en
cette circonstance, ne pouvait agir autrement qu'il
ne l'a fait, car toute résistance était impossible, et
le refus de livrer les fusils aurait attiré sur la
commune les plus grands malheurs.

On sait, du reste, que le premier soin de l'officier qui commandait tout détachement allemand
était de se faire livrer toutes les armes, même celles de luxe, qui pouvaient exister chez les particu-
liers. Promesse était faite de rendre plus tard ces
armes de luxe ; mais, à ma connaissance, aucune
restitution de ce genre n'a jamais été faite.

MARDI 29 NOVEMBRE

*L'armée de la Loire opère un mouvement de retraite
du côté de Pithiviers et de Montargis.*

Le Vendomois semble enfin délivré des Prussiens ; le Perche est complètement évacué.

Il nous tombe sous la main un journal allemand
qui, à la date de ce jour, publie ces nouvelles :
« Ce matin les canons français rugissent avec plus
de vigueur que jamais, pendant que j'ai la joie de

télégraphier un nouveau succès de l'armée allemande. Garibaldi a éprouvé un sanglant échec
hier, près de Dijon. Les troupes du prince Frédéric-Charles ont, hier aussi, près Beaune-la-Rolande, battu les Français, quoiqu'ils fussent plus
nombreux. »

MERCREDI 30 NOVEMBRE

*Grande sortie de la garnison de Paris sur Champigny
et Bry-sur-Marne.*

La guerre traîne après elle toutes sortes de
misères ; les épidémies naissent à sa suite.

A Vendôme, les fièvres, la dyssenterie, la petite vérole surtout, font chaque jour de nouvelles
victimes, et les progrès en sont effrayants ; c'est
ainsi que nous avons relevé dans l'état civil les
chiffres qui suivent pour le mois de novembre :

Sexe masculin, 23 décès.
Sexe féminin, 20 —

Si à ces chiffres nous ajoutons le nombre des
décès militaires, qui n'étaient inscrits que sur
les registres des corps auxquels appartenaient ces
malheureux soldats, soit 46, nous arrivons à un
total de 89 décès !

※

JEUDI 1er DÉCEMBRE

Combat de Villepion, entre Orgères et Patay, contre un détachement bavarois tombé à l'improviste sur l'aile gauche de l'armée de la Loire. — Le 16e corps tient tête d'une façon brillante à deux divisions bavaroises ; ce succès, hélas ! ne devait pas empêcher la retraite quelques jours plus tard.

L'ennemi a complètement évacué les environs, et nos troupes semblent vouloir, au contraire, occuper Vendôme comme point stratégique. Comment expliquer cette longue immobilité de nos corps d'armée dans notre voisinage, ou à Saint-Péravy, dans ce terrain perméable de Beauce, où, sans abri, au milieu de villages incendiés, nos pauvres mobiles sont exposés aux rigueurs du froid, à la pluie, à la neige ? Au lieu d'agir énergiquement après la victoire de Coulmiers dont il fallait profiter, nos généraux s'étaient attardés dans cette vaste plaine boueuse où aucun mouvement ne pouvait échapper à l'ennemi ; ils paraissaient tranquillement attendre l'armée du prince Frédéric-Charles, dont le choc devait être si terrible.

A Vendôme, où arrivent à toute heure de nouveaux détachements, on s'occupe activement de l'organisation des ambulances. Le Lycée est transformé en un vaste hospice, où trois chirurgiens de Paris et Madame Cahen donnent les soins les plus dévoués à nos blessés. Afin d'assurer une parfaite direction à cette ambulance, qui devait rendre bientôt tant de services, l'administration militaire la confie entièrement aux mains de Madame Cahen, qui venait de faire preuve à Metz d'un zèle infatigable.

Les dortoirs ne suffisent plus : de nouvelles salles reçoivent des lits ; des médicaments et du linge arrivent de Tours. Le drapeau de la Convention de Genève flotte sur le clocher de la chapelle. La charité publique aidant, rien ne manquera désormais aux infortunés qui auront à réclamer un asile dans nos ambulances.

Le canon fait entendre au loin son bourdonnement lugubre. Le froid devient rigoureux.

VENDREDI 2 DÉCEMBRE

Bataille de Loigny. Les 16e et 14e corps luttent d'une façon désespérée contre l'armée entière du duc de Mecklembourg, et infligent des pertes sanglantes aux deux divisions bavaroises. Mais cette journée devait être fatale à nos armes et décider du sort de la campagne. Malgré le courage et l'énergie des généraux Barry, Chanzy et de Sonis, nos troupes, après de brillants combats partiels, fléchissent à la fin sur toute la ligne. La retraite est inévitable. Telle avait été la violence de la lutte, à laquelle nos mobiles de Loir-et-Cher prirent la part la plus active, que, d'Artenay à Loigny, 7,000 environ étaient tombés de notre côté ; les pertes des Allemands étaient, de leur aveu même, plus sensibles encore.

Les troupes souffrent beaucoup du froid, très vif depuis deux jours.

On est sans nouvelles précises du théâtre de la

guerre ; mais on entend gronder le canon dans le lointain, et tout laisse supposer que le sort de la France se joue en ce moment.

Ce qui augmente l'inquiétude, ce sont deux ordres émanant de l'autorité militaire, l'un faisant défense aux habitants de Vendôme de circuler sans laissez-passer, l'autre, signé du général en chef du 21ᵉ corps d'armée, prescrivant au maire de Vendôme d'envoyer au quartier général toutes les pelles, pioches et haches qui existent dans la commune, ces outils devant être achetés par le génie militaire.

A 9 heures et demie du matin, une dépêche est affichée à la sous-préfecture : elle annonce que Paris est débloqué depuis le 30 novembre, et que l'armée de la Loire marche en avant à la rencontre du général Ducrot, la jonction devant s'opérer aux environs de Fontainebleau.

Illusion décevante ! Le mensonge était flagrant pour nous, qui savions la situation critique de l'armée de la Loire !

Parmi les troupes qui arrivent à Vendôme ce jour-là, nous remarquons les gardes nationaux mobilisés de la Sarthe.

Des ordres réitérés enjoignent d'établir à Vendôme de nouvelles ambulances, et d'utiliser à cet effet les établissements religieux et les maisons particulières disponibles. Les épidémies augmentent, et l'on prévoit que les prochains combats seront des plus meurtriers.

12 décès, dont 5 militaires, sont enregistrés à Vendôme dans cette seule journée du 2 décembre.

Rappelons ici qu'une médaille commémorative de la bataille de Loigny porte cette inscription :

BATAILLE DE LOIGNY

COMBATS DE VILLEPION & DE POUPRY

2 Décembre 1870

SAMEDI 3 DÉCEMBRE

L'armée du prince Frédéric-Charles se précipite sur le 15e corps français à Chenilly et à Chilleurs-aux-Bois, et le rejette sur Orléans. Le général d'Aurelle doit céder devant le nombre.

Les ordres reçus relativement à l'organisation des ambulances avaient été ponctuellement exécutés. Il était temps d'ailleurs, car, dès la veille au soir, étaient arrivées à Vendôme un grand nombre de voitures pleines de malades ou de blessés. Ce lugubre défilé jette la consternation dans notre ville.

Dans la journée, des troupes débouchent de tous les côtés : les routes de Montoire et de Saint-Calais sont encombrées de canons, de cavalerie, de bataillons de ligne et de mobiles. A la vue de ces régiments, qui n'ont pas encore essuyé le feu de l'ennemi, dont la tenue et l'entrain ne peuvent qu'inspirer la confiance, on reprend courage, d'autant plus qu'un ordre du jour du général d'Aurelle, en date du 1er décembre, annonce que l'armée de Paris a fait une sortie victorieuse, et que le général Ducrot occupe la Marne.

Toutes ces troupes, qui constituent le 21e corps, dressent leurs tentes au Champ-de-Mars et tout autour de la ville ; le parc d'artillerie occupe la cour entière du quartier de cavalerie. La présence de cette nouvelle armée réconforte les cœurs, et l'espérance renaît. Mais le soir arrivent en foule de malheureux blessés, et bientôt nous apprenons le désastre de Loigny. Le désespoir succède à l'enthousiasme de la journée. Il faut se rendre à l'évidence, malgré les placards mensongers qui proclament des succès, tandis que notre pauvre armée, en dépit de ses efforts et de sa bravoure, est obligée de céder devant le nombre et de battre en retraite. Bien coupables étaient ces hommes qui leurraient ainsi le pays, et cherchaient, en altérant la vérité, le moyen de se maintenir au pouvoir !

DIMANCHE 4 DÉCEMBRE

Combat devant Orléans. Une partie de nos troupes est refoulée au delà de la Loire, et les Allemands occupent de nouveau la ville. — Le commandement en chef de l'armée de la Loire est supprimé, et deux armées sont formées : la première sous les ordres du général Bourbaki, et la seconde, sous le commandement du général Chanzy.

Le temps est beau et froid. Dès le matin, les troupes cantonnées ici marchent en avant. Nous apprenons que les Prussiens sont entrés sans résistance à Mondoubleau, que venait de quitter l'un de nos régiments.

Les ambulances ont peine à contenir tous les malades qu'elles reçoivent. Le zèle de chacun redouble, et nous devons rendre hommage au dévouement des dames de Vendôme, qui assistent nos malheureux blessés avec tant de sollicitude et d'énergie.

Le canon continue à gronder : un combat d'artillerie se livre à Cercottes, où un monument commémoratif porte cette inscription :

A LA MÉMOIRE DES VICTIMES

DE LA BATAILLE DE CERCOTTES

4 DÉCEMBRE 1870

DONT 56 REPOSENT ICI

LUNDI 5 DÉCEMBRE

Pendant que l'armée du duc de Mecklembourg reprend possession de la ville d'Orléans, au nord, Rouen tombe au pouvoir des Allemands.

Les nombreux blessés qui continuent à affluer à Vendôme nous apportent de mauvaises nouvelles du théâtre de la guerre.

Nous voyons passer au nord de Vendôme un ballon-poste, qui se maintient quelques minutes au-dessus de Villiers, et prend la direction de Tours. Cela fait un peu diversion aux émotions des jours précédents.

Nous apprenons aujourd'hui que l'armée du général d'Aurelle se trouve, par suite de la re-

traite de deux corps sur Orléans, où l'ennemi les
oblige à franchir la Loire, coupée en deux tron-
çons. Ce général résigne ses fonctions, et un décret annonce la formation de deux armées de la
Loire : l'une, composée des 15e, 18e et 20e corps,
sous les ordres du général Bourbaki ; l'autre,
comprenant les 16e, 17e et 21e corps, ce dernier
de formation récente, sous les ordres du général
Chanzy, qui transmet le commandement du 16e
corps à l'amiral Jauréguiberry.

MARDI 6 DÉCEMBRE

*Le prince Frédéric-Charles établit son quartier général
à Orléans, et le général Manteuffel établit le sien à
Rouen.*

Le froid s'accentue, et améliore l'état sanitaire
de notre ville. Le Loir charrie quelques glaçons.

Nous appelons l'attention de nos lecteurs sur
les ordres du jour suivants, publiés tous deux à
la date du 6 décembre :

« Nous avons entre nos mains — dit le prince
Frédéric-Charles — 77 pièces de canon, 10,000
prisonniers non blessés, et nous continuons à
poursuivre l'ennemi. »

Voici, d'autre part, la dépêche que M. Gambetta
adressait de Tours dans toute la France :

« *A Préfets et Sous-Préfets.*

« Je suis informé que les bruits les plus alar-
mants sont répandus sur la situation de l'armée

de la Loire. Démentez hardiment toutes ces mauvaises nouvelles. Vous serez strictement dans le vrai en affirmant que notre armée est en ce moment dans d'excellentes conditions, que le matériel est intact ou renforcé, et qu'elle se dispose à reprendre la lutte contre l'envahisseur. »

Ces deux documents, mis en regard l'un de l'autre, sont bien faits pour inspirer de pénibles réflexions. Pendant que le gouvernement de Tours cherchait à atténuer nos défaites, ne savions-nous pas, en effet, que la situation de notre armée était fort inquiétante ? Ces blessés, qui arrivaient d'une façon continue, cette confusion dans les ordres transmis, qui se contredisaient presque toujours, tout cela nous ôtait tout espoir, et nous ne pouvions admettre qu'on déguisât ainsi l'exacte vérité.

Beaucoup des malheureux blessés qui sont amenés à nos ambulances meurent en arrivant; d'autres, atteints d'une façon plus cruelle encore, succombent pendant le trajet, sans que, le plus souvent, leur identité puisse être établie. Mieux organisés que nous, les Allemands portent tous une sorte de médaille, sur laquelle sont gravés les numéros du régiment et du bataillon dont ils font partie, ainsi que leur numéro matricule. Cette précaution est de la plus grande utilité en temps de guerre.

MERCREDI 7 DÉCEMBRE

La délégation de Tours quitte cette ville pour se rendre à Bordeaux.— L'action s'engage sur toute la ligne de l'armée de la Loire. A notre gauche, une division du 21ᵉ corps repousse à Vallière une division bavaroise ; mais notre droite, très menacée à Messas, prend position plus en arrière.

Les détonations d'artillerie s'entendent d'une façon plus distincte ; malgré la dépêche du gouvernement de Tours, relatée plus haut, il ne peut nous rester aucune illusion. L'ennemi gagne du terrain et refoule toujours nos troupes, épuisées et démoralisées.

On commente beaucoup la détermination qu'a prise la délégation de Tours de transférer à Bordeaux le siège du gouvernement. C'est un triste présage pour l'avenir qui nous est réservé. La tristesse est dans tous les cœurs.

JEUDI 8 DÉCEMBRE

La lutte est vive entre Cravant et Beaugency ; le 17ᵉ corps se comporte très bravement, et tient tête aux Bavarois, soutenus par une formidable artillerie. Malheureusement, sur notre droite, nos troupes perdent du terrain. — Le 9ᵉ corps allemand menace Blois ; le colonel Marty est chargé de défendre Chambord.

Le temps est mauvais; la neige commence à tomber. Les ambulances ne suffisent plus à donner asile à tous les malades ou blessés évacués sur Vendôme. L'administration décide que les plus valides seront dirigés sur des points plus éloignés du théâtre de la guerre. Nos ambulances, bien pourvues au début, commencent à manquer

de choses indispensables. Les habitants sup-
pléent à tout de leur mieux ; beaucoup d'entre eux,
des dames surtout, montrent un zèle, une abné-
gation à toute épreuve. Nous devons regretter que
le même dévouement n'ait pu s'exercer à l'ambulance du quartier de cavalerie, où seuls avaient
accès les médecins et les infirmiers militaires.

On s'étonne que le bataillon de gardes mobilisés
ne soit pas encore complètement organisé ; c'est
à peine s'il a été réuni plusieurs fois. Nous apprenons que M. Eon, de Mont-rieux, est désigné pour
commander le bataillon de Vendôme.

Nous pouvons, d'après la façon dont les coups
de canon se répercutent dans les carrières du
coteau de Lubidé, juger que la lutte se rapproche
de plus en plus. Comment concilier cette consta-
tation avec la dépêche suivante, affichée ce jour-là
à la sous-préfecture ?

« La situation militaire, malgré l'évacuation
d'Orléans, est bonne.... Nos ennemis jugent eux-
mêmes leur situation critique. »

VENDREDI 9 DÉCEMBRE

*La colonne du général Camô abandonne Beaugency.
Le général Chanzy, jugeant la position intenable,
prescrit au 16e corps un mouvement de recul. — Le
parc de Chambord, mal défendu par deux régiments
de ligne et de mobiles, est bientôt occupé par une
division hessoise, qui s'empare de notre artillerie.*

La vaste plaine, qui s'étend entre Orléans et
Marchenoir, et de l'autre côté de la Loire, une

partie de la Sologne jusqu'à Blois, sont complètetement envahies par les armées, qui s'entre-choquent depuis plusieurs jours sans discontinuer.
A l'est de Vendôme, l'horizon semble former un
arc de fer et de feu, et le sol tremble sous les détonations incessantes du canon. Ajoutons que
les combats qui eurent lieu ce jour-là, sur trois
points à la fois, durèrent depuis 8 heures du matin jusqu'à la tombée du jour.

Aux abords de Vendôme, les routes de Montoire
et de Saint-Calais sont couvertes de voitures.
C'est, au milieu de ces voitures, dont plusieurs
sont en station, un va-et-vient continuel de troupes
de toutes armes ; les unes viennent combler les
vides que les derniers combats ont faits dans nos
bataillons décimés ; d'autres doivent concourir à
la formation de nouveaux régiments de marche.
Des convois de blessés, qui descendent vers Le
Mans, croisent ces troupes, et ajoutent encore à
l'encombrement et au désarroi qui existent de
toutes parts.

Le froid augmente ; nos pauvres soldats ont
peine à se réchauffer au feu du bivouac, dont font
tous les frais les échalas de nos vignes. Et nous
devons redouter des jours plus terribles encore !

SAMEDI 10 DÉCEMBRE

*L'armée du général Manteuffel poursuit sa marche en
avant. Déjà maîtres de Rouen, les Allemands occupent Vernon, Louviers, Evreux et Dieppe.*

Les blessés des derniers combats arrivent en

foule; leur délabrement, leur démoralisation, nous présagent de nouveaux malheurs.

L'ennemi menace Blois de très près, et le bataillon de gardes mobilisés de cette ville est envoyé à Vendôme et logé à Courtiras.

Les ambulances sont littéralement bondées. L'abus que font du drapeau de Genève certains propriétaires, qui, à l'approche de l'ennemi, espèrent ainsi protéger leurs immeubles, provoque des plaintes auprès de l'administration municipale; celle-ci, jugeant la question très délicate, ne veut pas intervenir, laissant à l'autorité allemande le soin de réprimer plus tard cet abus des brassards et du drapeau à croix rouge.

A côté de ces mesquines préoccupations, nous assistons, dans les ambulances, à des scènes bien touchantes. Au Lycée, où Madame Cahen, avec un dévouement infatigable, imprime à tous les services une intelligente direction, les médecins, les sœurs, les infirmiers, redoublent de zèle, et sont parfois victimes des fatigues qu'ils s'imposent. Le froid sévit avec rigueur; aussi nos pauvres blessés supportent-ils bien difficilement le transport du champ de bataille à l'ambulance, dans des voitures à peine fermées et mal suspendues. Beaucoup succombent en chemin, et les autres, à demi mourants, sont emportés par la variole, qui augmente de jour en jour.

Des faits graves se passent autour de nous, et aucune nouvelle ne nous parvient. Les dépêches affichées à la sous-préfecture par les soins du citoyen de Marçay ne sont même plus lues, car nous savons qu'elles nous cachent la vérité. C'est

ainsi qu'elles nous disent que Paris est calme,
quand une insurrection vient d'y éclater ; que la
situation est bonne, quand l'armée bat en retraite ; que nos pertes sont peu importantes :
l'arrivée continue des blessés qui nous sont chers
est la preuve du contraire ; que le moral des troupes est excellent, quand la démoralisation est
extrême. Il nous serait pénible d'insister davantage. Le mot trahison a été bien des fois prononcé
dans cette fatale guerre ; mais la première de toutes les trahisons, n'était-ce pas de tromper ainsi
la France, qui confiait toutes ses forces vives
au gouvernement de la défense nationale ?

DIMANCHE 11 DÉCEMBRE

*Epuisées de fatigue par les combats des jours précédents,
les armées restent au repos dans leurs positions. Aucun événement extérieur n'est à signaler.*

La retraite de l'armée de la Loire sur Le Mans
vient d'être décidée. Déjà arrivent à Vendôme, par
les routes d'Orléans et de Blois, tous les convois de vivres et les services administratifs de
l'armée chargés de préparer ce mouvement en arrière. De Fréteval, les convois se rendent directement à Epuisay, par la route d'Orléans au Mans.
C'est le cœur serré que nous assistons à ce triste
défilé.

La garde nationale est convoquée pour midi,
aux Prés-aux-Chats. Elle s'y rend en armes.
C'est pour y entendre lecture d'une proclamation de notre fougueux sous-préfet, qui, en qualité

de commandant de place, déclare l'arrondissement en état de siège, et ordonne à tout homme va-
lide de se tenir prêt à concourir à la défense de la
ville, que devront quitter sans retard les femmes
et les enfants.

On juge de l'effet produit par cet ordre du jour
insensé ! Notre ville, ouverte de tous côtés, domi-
née par un coteau abrupt, ne disposant d'aucuns
moyens de défense, pouvait-elle opposer une résistance sérieuse à un ennemi vainqueur ? De-
vions-nous subir le même sort que Châteaudun,
d'héroïque mémoire ?

Dans la soirée, on pouvait lire la déclaration
suivante :

RÉPUBLIQUE FRANÇAISE

—

Citoyens,

En présence du danger qui nous menace, j'ai voulu
connaître la décision de la ville de Vendôme. J'ai demandé au citoyen Maire d'avoir à rassembler son conseil municipal, et à me remettre sa délibération sur la
question ainsi posée : Vendôme veut-il se défendre,
soutenu par la troupe qui s'y trouve en ce moment, ces
braves et bons enfants du Gers, qui ne nous quittent pas
depuis deux mois, ainsi que les mobiles de la Vienne et
du Cantal qui sont arrivés il y a deux jours ? Tous sont
prêts à verser leur sang pour défendre vos foyers me-
nacés.

Eh bien ! Citoyens, hier 10 décembre, à 11 heures et
demie du soir, le Maire de Vendôme m'adressait une délibération ainsi conçue :

« Qu'il est venu à la connaissance du conseil municipal que le sous-préfet aurait dit que si on

ne lui donnait pas une réponse catégorique, il ferait arrêter le conseil municipal et le Maire ; en conséquence, M. Moisson, maire, et les conseillers municipaux, ne voulant pas délibérer sous le coup d'une menace, ont donné leur démission. »

Ce n'est pas en face du danger qu'un officier donne sa démission ; le soldat, lui ! ne peut jamais la donner s'il veut abandonner son poste, on doit le faire fusiller. Pourquoi les citoyens maire et conseillers municipaux veulent-ils se décharger d'une responsabilité qui honore ceux qui la prennent à l'approche de l'ennemi ?

Il ne faut pas d'hésitation aujourd'hui ; nous devons résister et nous défendre tous contre l'envahisseur ; que ceux qui ont peur se retirent ; que les femmes et les enfants s'en aillent, et que les citoyens qui ont encore du sang français dans les veines restent avec moi et concourent à la défense, avec les troupes qui sont dans Vendôme et celles que je fais venir.

Le colonel Taberne, chef militaire de l'arrondissement de Vendôme, est chargé de défendre cette place, et vous pouvez compter sur son patriotisme et son courage bien connus pour être certains que vous serez bien défendus.

Citoyens,

Il n'est plus temps de reculer ; l'ennemi approche ; il faut lui faire face ; je compte sur la garde nationale de tout l'arrondissement, et je vous remercie tous d'avance, étant bien persuadé que votre patriotisme et votre courage seront à la hauteur du danger qui menace votre ville.

Depuis trois mois que je suis avec vous, j'ai empêché cinq fois l'ennemi d'arriver jusqu'ici ; espérons qu'à la sixième nous le repousserons définitivement, ou du moins nous tiendrons assez de temps pour qu'on puisse dire que les citoyens de Vendôme ont fait leur devoir et ont bien mérité de la patrie. La France vous en aimera davantage, et la Prusse, cette nation orgueilleuse qui veut vous abaisser jusqu'à l'humiliation, sera vaincue dans ses propres désirs.

Une heure de courage chez un peuple, citoyens, est plus remarquée que vingt années de despotisme ; une heure de courage vous relève aux yeux de toute l'Europe, pendant que vingt années de despotisme vous ont livrés à une seule nation, qui s'appelle la Prusse !

Allons, à bientôt ! Nous nous verrons au moment du danger. Soyez calmes et dignes, et pénétrez-vous bien du grand devoir que vous allez remplir. Attendez l'ennemi, et défendez-vous aux cris de :

Vive la France ! Vive la République !

Le Sous-Préfet,

De Marçay.

Nous n'avions jamais eu confiance dans les déclamations sonores du sous-préfet; les événements nous donnaient raison, ce jour-là, plus que jamais. Pendant que nous étions conviés avec tant de fougue à défendre notre ville, le recul de l'armée s'accentuait de plus en plus, et se succédaient, dans un désordre effrayant, des convois de toute nature.

LUNDI 12 DÉCEMBRE

Capitulation de Phalsbourg, place que le commandant Taillant avait énergiquement défendue pendant quatre mois. 1800 hommes et 52 officiers tombent au pouvoir de l'ennemi. Avant de se rendre, le comman-

7

dant avait fait enclouer les canons, noyer les poudres
et briser tous les fusils.

Nous ne pouvons oublier les scènes lugubres
qui se sont passées dans cette nuit du 11 au 12 décembre. Toutes les rues, et surtout la rue Saint-
Jacques, qui donnait accès à l'ambulance du Lycée, étaient encombrées de voitures, sur lesquelles
gisaient, à peine couverts et presque mourants,
nos pauvres blessés. La place manquait partout,
et plus d'un agonisant n'eut pas, cette nuit-là,
d'autre lit de mort que la voiture qui l'avait amené.
Au milieu d'une confusion pareille, comment établir l'identité des malheureux qui succombaient ?
C'est à peine si l'on pouvait désigner le corps auquel appartenait le moribond, car, dans la précipitation de la retraite, les hommes s'étaient vêtus
d'un uniforme qui n'était pas le leur. Bien des décès ne purent être enregistrés ; et combien de familles n'obtinrent aucun renseignement sur ceux
qui leur étaient chers !

Dans de telles conditions, l'état sanitaire de Vendôme devenait inquiétant. Le nombre des vario-
leux augmentait chaque jour, et l'administration
était tout à fait impuissante à remédier à cette
pénible situation. Un ordre du quartier général
arrive enfin, prescrivant d'évacuer en toute hâte
sur Le Mans les malades en état de supporter le
voyage. Des instructions sont transmises pour
qu'il soit exercé une surveillance plus active sur
l'ambulance du quartier de cavalerie, dont l'organisation défectueuse avait donné lieu à des
plaintes réitérées. L'intendant Desprès exécuta cet
ordre de la façon la plus stricte ; mais que de

malheureux n'avaient pas déjà succombé, les semaines précédentes, victimes de l'incurie !

Malgré le dégel, qui avait fait des routes et des
chemins autant de fondrières, la retraite de l'armée s'accomplit, et malgré l'habile direction du
général Chanzy, dans le plus grand désordre.

Voici quelle était, le 12 décembre, la position
occupée par les différents corps :

Le grand quartier général, au château des
Noyers, sur la route d'Oucques à Villetrun ;

Celui du 16ᵉ corps, à Pontijou ;

Celui du 17ᵉ corps, à Frouville ;

Celui du 21ᵉ corps, à Viévy-le-Rayé ;

Le parc d'artillerie du 16ᵉ corps, à Baignaux ;

Celui du 17ᵉ corps, à Epiais ;

Celui du 21ᵉ corps, en arrière de Viévy-le-
Rayé, dans la direction de Fréteval.

Le général Jaurès était chargé de pousser le
plus loin possible des reconnaissances, dans le
but d'empêcher l'ennemi de tourner l'armée par
la forêt de Fréteval et le Perche.

Nous avons cité plus haut l'étrange factum du
citoyen de Marçay. Le Conseil municipal y répondit par la déclaration suivante, qui fut affichée
dans la journée du 12 décembre :

Habitants de Vendôme !

Le Conseil municipal de Vendôme, où étaient présents
MM. Moisson, maire ; Belot, adjoint ; Launay, Chautard, Deniau, Thoraux, Taillebois, Boutrais, Ferrand,
Fouquet, Lemaire, Buffereau, Dehargne et Avril, s'est
réuni hier soir, à 8 heures, sur une convocation verbale

de M. le sous-préfet, pour délibérer sur la question de savoir s'il était d'avis de défendre la ville contre l'attaque possible de l'ennemi ; consulté antérieurement, le Conseil avait décidé à l'unanimité, d'après l'avis de l'autorité militaire, que la défense de la ville de Vendôme, dont l'honneur et les intérêts lui sont confiés, était impossible, et amènerait des désastres sans résultat utile ;

Que l'impossibilité de la défense était fondée sur l'insuffisance absolue des armes et des munitions et l'absence d'artillerie ;

Sur ce que, malgré son zèle, la Garde nationale ne pouvait opposer une résistance sérieuse à des forces militaires beaucoup plus considérables ;

Enfin sur ce que la position topographique de Vendôme, entouré de coteaux, est contraire à toute idée de résistance ;

Le Conseil allait, par une nouvelle délibération, persister dans son opinion, quand il est venu à sa connaissance que M. le sous-préfet, parlant devant plusieurs personnes de la demande qu'il avait adressée au Conseil, avait ajouté que, s'il ne lui était pas donné une réponse catégorique, IL FERAIT ARRÊTER LE MAIRE ET LES CONSEILLERS MUNICIPAUX.

Devant ces paroles, le Conseil,

Considérant qu'une assemblée ne peut ni ne doit délibérer sous le coup d'une menace ;

Considérant que la menace de M. le sous-préfet porte atteinte à la dignité de ses membres et à celle des électeurs desquels ils tiennent leurs pouvoirs ;

A l'unanimité des membres présents, a adressé sa démission motivée à M. le sous-préfet, en même temps qu'à M. le ministre de l'intérieur et à M. le préfet de Loir-et-Cher ;

Et ce matin, les membres absents à la réunion d'hier,

MM. Berger, adjoint, Filly, Gravereau, Neilz, Tessier, Renou et Bioret, ont adhéré et envoyé leur démission.

Habitants de Vendôme !

Ceux que vous aviez honorés de votre confiance ont pensé que, malgré la gravité des événements, ils devaient, avant tout, sauvegarder leur dignité et la vôtre.

En vous rendant compte des motifs qui ont amené leur démission, ils ont surtout pour but de se décharger à vos yeux de la responsabilité des événements désastreux qui nous menacent, et de la faire retomber tout entière sur qui de droit.

Habitants de Vendôme !

Vos conseillers municipaux n'ont point déserté leur poste en face du danger ; ils n'abandonnent leurs fonctions que sous la pression d'une menace qui leur enlève toute leur liberté.

Vendôme, le 11 décembre 1870.

THORAUX, FOUQUET, FERRAND, CH. CHAUTARD, BOUTRAIS, DENIAU, TAILLEBOIS, BERGER, AVRIL, A. RENOU, LAUNAY, NEILZ, E. FILLY, BUFFEREAU, MOISSON, DEHARGNE, A. LEMAIRE, BELOT, TESSIER.

La population approuva entièrement les termes de cette déclaration, ferme et modérée tout à la fois ; ce qui n'empêcha pas le ministre de l'intérieur d'intervenir et d'expédier la dépêche suivante au sous-préfet :

Je considère comme nulle et non avenue la démission du maire et des conseillers municipaux de Vendôme. Prenez les mesures nécessaires pour leur réinstallation. La municipalité devra reprendre ses fonctions.

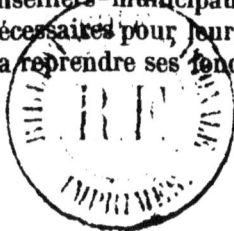

Pour en finir avec les documents publiés dans ces jours de trouble, relatons l'avis que notre ardent sous-préfet crut devoir faire afficher, et que, du reste, il avait déjà fait publier quelques jours plus tôt, en vue de la défense de la ville :

Le sous-préfet a l'honneur de prévenir les citoyennes qui veulent quitter la ville de Vendôme qu'elles pourront se faire inscrire, de 1 heure à 3 heures, à la sous-préfecture.

Cette mesure est indispensable pour que l'on puisse savoir le nombre de personnes qui veulent partir, afin d'avoir les wagons nécessaires pour les transporter à Tours.

Vendôme, le 12 décembre 1870.

Le secrétaire délégué,
GIRARDIN.

MARDI 13 DÉCEMBRE

L'état-major allemand redouble d'activité, et exige de ses troupes de nouveaux et vigoureux efforts, dans le but d'entraver la marche de notre armée, de lui couper la retraite sur Le Mans, et aussi de lui fermer tout accès sur Paris.— La place de Montmédy capitule : l'ennemi y délivre 337 soldats allemands, faits prisonniers dans des engagements antérieurs ; 3,000 des nôtres et 65 pièces de canon tombent en son pouvoir.

Toute la journée, défilent de la cavalerie, de l'infanterie, des convois de vivres et de munitions. Nos troupes, harassées par des marches pénibles dans les champs, que le dégel a détrempés, ont, malgré tout, leur entrain habituel, et l'on voit que le moindre succès ranimerait leur courage. Plusieurs régiments de dragons et de cuirassiers campent autour du village de Courtiras.

Il est intéressant, à la veille des faits importants qui vont se dérouler dans notre Vendomois, de connaître exactement les positions occupées par nos troupes :

Le 13 décembre au soir, écrit le général Chanzy dans son ouvrage *La Deuxième Armée de la Loire*, l'aile droite, sous les ordres de l'amiral Jauréguiberry, formait un demi-cercle en avant de Vendôme, qu'elle couvrait sur la rive gauche, surveillant en même temps les routes de Blois et de Châteaurenault.

La division Deplanque, 1re du 16e corps, s'échelonnait le long de la Houzée, repliant sa droite jusque sur la route de Blois par Malignas et la ferme de Villemalin; venait ensuite la colonne mobile de Tours du général Camô, son centre à hauteur de Sainte-Anne qu'elle occupait fortement, et sa droite repliée vers le Loir le long du ravin de Chanteloup.

La cavalerie du 16e corps avait passé le Loir à Vendôme, et s'était cantonnée autour de Courtiras.

La 1re division du 17e corps occupait la rive droite des Tuileries à Poirier, détachant de l'artillerie sur les travaux préparés à Bel-Essort, au Haut-Fontenay et à la ferme de la Touche, pour défendre en avant la route de Villetrun et en arrière le pont de Meslay, gardé par un bataillon.

Les deux autres divisions du 17e corps étaient postées de Haie-de-Champ à Pezou, dominant la vallée du Loir.

La cavalerie du 17ᵉ corps était cantonnée à La Ville-aux-Clercs.

Le 21ᵉ corps se développait de Pezou à Saint-Hilaire, le long de la route de Paris : la 1ʳᵉ division à Saint-Hilaire, dont elle défendait le pont ; la 2ᵉ à Mont-Henry ; la 3ᵉ à hauteur de la ferme du Plessis, détachant un bataillon à la gare de Fréteval et une brigade au vieux château qui domine le bourg, pour en empêcher l'accès par la rive gauche.

Enfin la division de Bretagne du général Goujard occupait Cloyes, pour protéger la gauche de l'armée, et surveiller, le long du Loir, les mouvements que l'ennemi pouvait faire aux environs de Châteaudun ou au nord de la forêt de Marchenoir.

Du côté des Allemands, les dispositions prises tout d'abord durent être modifiées, dès que la retraite du général Chanzy fut connue. Le prince Charles, se décidant à concentrer son armée, avait adressé aux chefs de corps les instructions suivantes :

« Le grand-duc s'arrêtera à Tilly ; le 10ᵉ corps à Mer. Ils enverront des avant-postes observer l'ennemi, mais ne s'engageront pas. Le 10ᵉ corps attaquera, sur un large front, les Français qui occupent toujours Blois, et le 9ᵉ corps appuiera cette attaque, aussitôt qu'il le pourra, de la rive gauche de la Loire. Le 3ᵉ corps poussera sur les hauteurs de Beaugency, avec son arrière-garde et ses bagages. La 6ᵉ division de cavalerie demeurera à Contres, Vierzon et Salbris, et, le 14 décembre, se rapprochera du 9ᵉ corps. »

Le 13, au matin, ces ordres furent complétés.

Le général Voigts-Rhetz fut, sur sa demande, autorisé à marcher sur Blois avec tout le 10e corps ; le grand-duc reçut l'ordre de se diriger sur Oucques et sur Morée.

Le général Barry, qui deux jours auparavant avait repoussé une sommation de l'ennemi arrivé sur la rive gauche de la Loire, faubourg de Vienne, dans la crainte d'être débordé sur l'autre rive par le 10e corps allemand, fit sauter le pont de Blois, et se retira à Saint-Amand.

Voilà quelle était la situation complète des deux armées. Dans la soirée du 13 décembre, M. Gambetta, escorté d'un peloton de lanciers, escorte bien inutile, ce nous semble, en ce moment, vint visiter sur les hauteurs de Saint-Ouen les campements du 17e corps, et reconnut que les positions occupées par nos troupes étaient excellentes.

Les convois de blessés affluaient toujours à Vendôme, et la place y manquait absolument. Grâce à la hardiesse des cavaliers algériens qui protégeaient notre retraite, les voitures de vivres purent être ramenées toutes au camp, et échapper ainsi aux déprédations des hulans, qui pillaient les fermes, comme toujours, saccageant, brûlant tout sur leur passage.

MERCREDI 14 DÉCEMBRE

Par décret du gouvernement de la défense nationale, le général Faidherbe, ancien gouverneur du Sénégal, reçoit le commandement de l'armée du Nord, forte de 80,000 hommes.

Des détachements de la 17e division prussienne se heurtent dès le matin aux troupes du 21e corps, menacent Morée et attaquent Fréteval. Le général Rousseau, passant le pont de Saint-Hilaire, gravit les hauteurs de la rive gauche, réussit à prendre de bonnes positions en avant de Morée, et oblige l'ennemi à reculer.

Combat de Fréteval.

A Fréteval, l'action est plus sérieuse. Vers onze heures, le bataillon de marins qui occupait le village, attaqué par des colonnes allemandes arrivant à la fois par les routes de Morée et d'Oucques, doit se replier sur la gare, qu'il s'apprête à défendre vigoureusement. La résistance qu'opposent nos braves marins est tellement opiniâtre, que les Bavarois sont obligés de renoncer à gagner du terrain.

Le général Jaurès, témoin de ce mouvement de retraite, prescrit au colonel du Temple de reprendre, avec la brigade qu'il commande, le village de Fréteval. Malheureusement, écrit le général Chanzy, le commandant Collet, officier de marine des plus énergiques, se laissa entraîner par son ardeur ; devançant le moment de l'attaque, il se lança sur le village avec quatre compagnies seulement. Il put y pénétrer ; mais bientôt, écrasés par des forces supérieures, ses marins furent contraints de se replier, après avoir perdu une centaine d'hommes. Cette audace lui coûta la vie, ainsi qu'à son adjudant-major.

L'ennemi, de son côté, laissait à terre 5 officiers et 135 hommes.

Le colonel du Temple dut renoncer à l'entreprise et rentrer sur ses positions.

A la suite de ce combat, corps à corps pour ainsi dire, les rues de Fréteval présentaient un effroyable aspect : les maisons étaient pleines de morts et de blessés ; l'une d'elles abritait huit mourants.

Nous n'insisterons pas sur le découragement qui s'était emparé de nos troupes, après tous ces insuccès ; les fatigues de la marche, rendue très difficile par les pluies persistantes des jours précédents, les avaient épuisées. L'armée allemande, du reste, ne souffrait pas moins. Le soir même du combat de Fréteval, le général von Treskow adressait au prince Frédéric-Charles la lettre suivante : « L'infanterie, dans Fréteval, n'en peut plus, et je n'ai pas pu la relever, parce que l'entrée du village est complètement battue par le feu de l'ennemi, posté dans la gare ; les hommes sont trempés d'eau ; beaucoup ont laissé leurs bottes enfoncées dans le sol détrempé ; le nombre des malades est très grand. Sitôt qu'on s'avise de quitter les routes, on enfonce jusqu'aux genoux dans la boue. L'artillerie ne peut pas quitter les routes. Les fusils sont détériorés par la pluie et les neiges de ces derniers jours, au point de mettre leur fonctionnement en question. Il y a des compagnies dans lesquelles quarante hommes ont perdu leurs chaussures dans la mar-

che d'aujourd'hui. Tout cela me porte à me demander si l'infanterie de la division sera en état
de combattre demain. »

Des instructions transmises, dans la soirée du
14 décembre, nous détachons ce qui suit :

« Le vice-amiral Jauréguiberry, commandant
l'aile droite, fera établir, dès demain matin, une
brigade qu'il renforcera des troupes nécessaires,
sur les positions déjà indiquées par le général en
chef, et activera la construction des épaulements
et des batteries à établir sur la crète au sud de
Vendôme, pour la défense dans la direction de
Blois.

« Les francs-tireurs, placés dans les bois, devront surveiller le ravin de la Houzée et celui de
Chanteloup. Des régiments de cavalerie légère et
l'escadron d'éclaireurs du capitaine Bernard, soutenus par des détachements d'infanterie chargés
plus spécialement du service de nuit, formeront
des avant-postes, et pousseront des reconnaissances jusqu'à quinze kilomètres au moins en
avant des lignes. Le général en chef rappelle au
commandant du 17ᵉ corps que c'est à lui de prendre toutes les dispositions pour surveiller le pays
dans les directions de Pontijou, d'Oucques, et jusqu'à la forêt de Marchenoir. En outre de sa cavalerie, il a sous ses ordres les éclaireurs algériens
cantonnés à Rocé et à Coulommiers.

« L'ennemi a attaqué aujourd'hui Morée et Fréteval : nous sommes restés maîtres des positions,
mais un effort plus sérieux peut être tenté demain. Les troupes du 17ᵉ corps seront donc prê-

tes, dès le matin, à appuyer le 22ᵉ corps, avec lequel elles se relieront, et elles ne reprendront leurs cantonnements que lorsque le général Guépratte se sera assuré, par ses reconnaissances et les renseignements qu'il fera prendre à Fréteval, qu'une agression de l'ennemi n'est plus à craindre.... »

Le quartier général du général en chef est établi à Vendôme, hôtel de Cossette; celui du 16ᵉ corps rue de la Grève, maison Serpin ; celui du 17ᵉ corps au château de Moncé ; enfin celui du général Jaurès, commandant le 21ᵉ corps, un peu en arrière de Fréteval.

Pendant que nos fusiliers marins se comportaient si vaillamment à Fréteval, de nombreux fuyards encombraient notre ville, et un bataillon, chargé spécialement du service de la garnison, se mit en devoir de fouiller les maisons et de renvoyer à leurs corps respectifs les hommes qui erraient à l'aventure.

Une ambulance militaire est établie à Huchepie, près Courtiras ; M. l'abbé Morancé, aumônier de la 2ᵉ armée de la Loire, en surveille l'installation avec une activité, un dévouement auxquels nous nous plaisons à rendre hommage.

La brigade du général Deplanque occupait les hauteurs de Courtiras et de Mont-rieux ; les troupes du général Camô étaient postées à La Garde et à La Tuilerie.

Nous devons ici faire mention d'un placard affiché ce jour-là à la porte de la sous-préfecture, et qui donna lieu à de nombreux commentaires. C'est un factum rédigé par les docteurs Gougeon et

Felizet, et relatif aux effets produits par les armes prussiennes, qui, au dire de ces étonnants docteurs, n'étaient pas meurtrières. Ajoutons que des exemplaires de cet avis absurde ont été distribués aux officiers de plusieurs brigades. A titre de renseignement, nous en publions l'extrait qui suit :

BAIONNNETTE. L'arme blanche, si redoutable entre les mains de nos soldats, l'est beaucoup moins entre celles des Prussiens.

Les Prussiens ont, pour la plupart du moins, la baïonnette triangulaire, ancien système abandonné aujourd'hui avec raison.

La baïonnette prussienne produit des blessures peu graves ; ces blessures sont, en outre, très rares.

La baïonnette n'est pas d'ailleurs l'arme des Prussiens, et l'analyse rapide de leur attitude devant une charge française intéresse autant le médecin que le soldat.

Les Prussiens, trop tassés souvent pour que toutes les armes se déploient, opposent peu de résistance. A Metz, chaque fois que notre infanterie les a tenus de près, ils ont été massacrés, et nous n'exagérons pas, l'un de nous ayant vu plusieurs charges à la baïonnette le soir de la bataille de Sainte-Barbe, 31 août.

« A la baïonnette, nous disaient nos soldats, on y entre comme dans du beurre. » La comparaison est très exacte, car les Prussiens ont une résistance inerte remarquable. Ils battent difficilement en retraite.

Cette résistance, presque dénuée de danger pour la troupe d'attaque, explique la rareté des blessures à la baïonnette.

SABRE. — .... Le bras gauche est surtout l'objectif des Prussiens. Dans une charge de cavalerie, ils font tous leurs efforts pour couper les rênes du cheval ou la main qui les tient. Ces blessures sont en général peu graves, ne donnent que des plaies superficielles et à découvert, dont la guérison est rapide.

On voit, par ce qui précède, que l'arme blanche n'offre que peu de danger entre les mains des Prussiens. Soit à la baïonnette, soit au sabre, chaque fois qu'ils ont vu nos hommes de près et pour ainsi dire corps à corps, ils ont été inférieurs, n'osant pas attaquer violemment et sachant mal se défendre.

Artillerie. — .... Les blessures par éclat d'obus, quand le squelette n'est pas brisé, guérissent d'ordinaire très bien; quand le squelette est intéressé, le cas est plus grave; mais il ne l'est pas plus que les fractures, comminatives ou non, compliquées de plaies. L'éclat d'obus ne porte donc pas avec lui une gravité qui lui soit spéciale.

Armes a feu. — ..... Les coups de feu par le chassepot que nous avons observés sur les blessés prussiens, avaient en général un tout autre caractère de gravité.

En résumé, nous croyons avoir montré :

1° Que les blessures que les Prussiens font à l'arme blanche ne sont ni fréquentes ni graves ;

2° Que leurs balles sont infiniment moins meurtrières que celles de nos carabines chassepot;

3° Que c'est avec leurs obus qu'ils nous ont fait éprouver nos plus grandes pertes ;

4° Que cet effet meurtrier de leur tir dépendait moins de leur tir même que des positions vicieuses qu'on commandait à nos hommes;

5° Enfin que, toutes choses égales d'ailleurs, les blessures par éclat d'obus ne sont pas plus graves que celles que produisent les autres projectiles.

JEUDI 15 DÉCEMBRE

La situation s'aggrave à l'est et au nord. Les troupes du général Manteuffel menacent Le Havre. Le département de l'Eure est envahi.

Vendôme était menacé de très près ; il était évident que l'ennemi devait concentrer tous ses efforts sur ce point stratégique, qui est le nœud de plusieurs routes importantes.

Le 15 décembre au matin, nos troupes occupaient les positions suivantes, d'après de nouvelles instructions transmises dans la nuit :

Une seule brigade, celle du général Bourdillon, tenait le plateau du Temple et les hauteurs de La Chaise avec trois batteries et deux mitrailleuses. Elle était couverte à distance par le 2e chasseurs de marche et le régiment de gendarmerie à cheval de la colonne Camô, qui, cantonnés à Périgny, Villeromain et Crucheray, étaient chargés d'éclairer au loin la plaine dans la direction de Blois, appuyés par les francs-tireurs de la Sarthe (commandant de Foudras). La 2e brigade de la 2e division du 16e corps (général Deplanque) devait se porter sur le plateau du haut Mont-rieux, au-dessus de Naveil, ayant les troupes du général Camô à sa gauche, entre Huchepie et la Tuileries.

Dans ce plan du général Chanzy, Vendôme n'était plus le centre d'un vaste camp retranché, mais une simple tête de pont, facile à évacuer au besoin, si on ne pouvait se maintenir sur la rive gauche.

Nous étions à la veille de graves événements. Le général Chanzy crut devoir adresser à ses troupes l'ordre du jour suivant :

Soldats de la deuxième armée,

Depuis quinze jours vous n'avez pas cessé de combattre. Vous avez lutté héroïquement contre la principale armée allemande, commandée par le prince Frédéric-Charles, et si chaque jour vous n'avez pas complètement battu l'ennemi, comme à Vallière, à Coulmiers, à Villepion, vous n'avez jamais subi de défaites, puisque chaque soir vous avez couché sur vos positions, disputées avec acharnement de l'aube à la nuit. Pendant cinq jours, la deuxième armée, appuyant sa droite à la Loire, sa gauche à la forêt de Marchenoir, s'est maintenue dans ses lignes en avant de Josnes ; et les batailles des 7, 8 et 9 décembre ont été aussi glorieuses pour vous que funestes à l'ennemi, qui, de l'aveu de ses prisonniers, a subi des pertes considérables, surtout en officiers de tous grades.

Des considérations stratégiques vous ont ramenés sur les positions que vous occupez actuellement. Vous les conserverez, quels que soient les nouveaux efforts de l'ennemi, qui ne s'acharne à vous que parce qu'il comprend que vous êtes pour lui l'obstacle et la résistance.

Ce que vous venez de faire, malgré des privations forcées, des fatigues incessantes, le froid, la neige, la boue de vos bivouacs, vous le continuerez, puisqu'il s'agit de sauver la France, de venger notre pays envahi par des hordes de dévastateurs.

Pour nos nouveaux efforts, il faut l'ordre, l'obéissance, la discipline ; mon devoir est de l'exiger de tous : je n'y faillirai pas. La France compte sur votre patrio-

8

tisme, et moi, qui ai l'insigne honneur de vous commander, je compte sur votre courage, votre dévouement et votre persistance.

Le général en chef,

Signé : CHANZY.

Bataille de Vendôme.

Les instructions du prince Frédéric-Charles prescrivaient au 3e et au 10e corps de pousser rapidement leurs têtes de colonnes sur Vendôme. Vers midi, en effet, les escadrons de Villeromain sont assaillis par un régiment, que soutiennent trois batteries d'artillerie. Au bruit du canon, ordre fut donné par le général Chanzy de suspendre le passage des troupes qui devaient occuper la rive droite du Loir, et l'amiral Jauréguiberry déploie le 59e de marche sur la route de Blois, en avant du plateau du Temple ; les gendarmes à pied et les mobiles de l'Isère se placent à sa gauche, le 62e de marche à sa droite ; les 39e et 32e, avec le 16e bataillon de chasseurs, sont en avant du plateau de la Guinebaudière.

Bientôt apparaissent de fortes colonnes ennemies, qui envahissent à la fois Crucheray, Périgny, Coulommiers et Rocé. Sept batteries prussiennes, établies à Sainte-Anne, tirent sur le plateau du Temple ; nos pièces ripostent vigoureusement, mais non sans subir de sérieux dommages. Au plus fort de ce combat d'artillerie, un obus vient tomber sur l'un des caissons qui étaient en arrière de nos batteries, y met le feu, et une détonation formidable fait trembler la ville entière.

Tous les projectiles renfermés dans ce caisson éclatent à la fois, et jettent dans un rayon très étendu la mort et l'épouvante.

A la faveur des bouquets de bois qui couvrent la plaine, l'ennemi gagne du terrain et nous menace de près.

Pendant que nous soutenons ce choc du côté de Sainte-Anne, d'autres colonnes apparaissent en avant de Villetrun et Coulommiers. Immédiatement le général Chanzy donne ordre au 17ᵉ corps d'appuyer la batterie établie à Bel-Essort ; malgré une vigoureuse défense, cette batterie dut bientôt battre en retraite. La brigade Pâris, envoyée au secours du chef de bataillon Prudhomme, qui commandait sur ce point, était arrivée trop tard. Cette retraite s'effectua très difficilement : le pont de Meslay fut coupé avec trop de précipitation, et nombre de soldats durent traverser le Loir en bateau.

Mais, si nous cédions du côté de la Houzée, les Allemands n'avaient pu réussir à déborder notre droite, ce qui nous aurait rendu toute retraite impossible. Le 37ᵉ de marche et le 7ᵉ bataillon de chasseurs leur opposèrent, au bois de la Guinetière, la résistance la plus énergique, malgré le feu des nombreuses batteries que l'ennemi avait en ligne et qui couvrirent Le Temple d'obus.

Les hauteurs de Courtiras et de Mont-rieux avaient été toute la journée occupées par la brigade Deplanque, se tenant prête à se porter en avant si l'ennemi avait réussi à nous tourner ; une batterie d'artillerie défendait le pont de Naveil. Cette brigade reçut le soir l'ordre de franchir le Loir, pour appuyer le général Bourdillon en cas de besoin. Mais, à la nuit, les Allemands, jugeant qu'ils n'arriveraient pas à nous déloger de nos positions, abandonnèrent la lutte et se retirèrent dans la direction de Villeromain.

Nous n'avions pas été moins heureux du côté de Fréteval. Les généraux Collin et du Temple avaient, dès le matin, pris l'offensive, enlevé le village, non sans avoir essuyé une vive résistance, et brûlé le pont. La conduite énergique de nos généraux et du colonel Michaud, en ces circonstances, est digne d'éloges. En même temps, une division du 17ᵉ corps exécutait une diversion par le pont de Pezou, et achevait de refouler l'ennemi sur la rive gauche.

En somme, la journée du 15 décembre était bonne pour nos troupes, bien qu'elle nous parût, à nous habitants, désastreuse et de nature à précipiter la retraite que le général Chanzy préparait sur Le Mans. La bataille de Vendôme avait été surtout meurtrière pour notre artillerie, qui, sur le plateau du Temple notamment, avait éprouvé des pertes sérieuses.

C'est sur ce plateau que fut érigé, en 1872, par le conseil municipal et les habitants de Vendôme, sur les dessins et par les soins de MM. Lax, ingénieur, et Robin, architecte, un monument commémoratif de la défense de Vendôme et des faits de guerre qui précédèrent et qui suivirent. Sur la face principale sont gravés ces mots :

1870 - 1871

DÉFENSE NATIONALE

SOUVENONS - NOUS

Sur les autres faces, on peut lire les inscriptions suivantes :

A L'ARMÉE DE LA LOIRE

EN MÉMOIRE DES COMBATS

LIVRÉS POUR LA PATRIE

AUTOUR DE VENDOME

15 DÉCEMBRE 1870 | 31 DÉCEMBRE 1870

6 JANVIER 1871

———

A LA GARDE NATIONALE MOBILE

DE LOIR-ET-CHER

A SES MORTS GLORIEUX

SAINT-LAURENT-DES-BOIS	VILLORCEAU
COULMIERS	JOSNES
FAVEROLLES	PARIGNÉ - L'ÉVÊQUE
LOIGNY — PATAY	LE MANS
MESSAS-FOINARD	Sᵗ-JEAN-SUR-ERNE

Non loin de ce monument, qui occupe l'angle que forment l'ancienne et la nouvelle route de Blois, une tombe a été élevée par la famille à la mémoire d'un jeune officier d'artillerie, frappé d'un obus à cet endroit-là même. On y lit cette inscription :

ICI

GEORGES AUBRY

TOMBA POUR LA PATRIE

1848 - 1870

Le quartier général du prince Frédéric-Charles est à Suèvres. — Le général Bourbaki commence, avec la 1re armée de la Loire, un mouvement en avant et prend contact avec les troupes du général Van der Tann. Quatre bataillons chassent de Gien un détachement bavarois, et le quartier général de Bourbaki est établi entre Bourges et Nevers.

La bataille de la veille, nous le répétons, avait été un succès pour nos troupes, mais elles ne pouvaient guère en profiter. Le général Chanzy transmit dans la nuit la dépêche télégraphique ci-après au ministre de la guerre, à Bordeaux :

Le 21e corps a repris ce matin Fréteval, que l'ennemi avait occupé fortement la nuit dernière. Le grand-duc de Mecklembourg, laissant devant Fréteval et Morée un corps d'observation, s'est présenté vers midi, par Rocé et Coulommiers, devant nos positions de Bel-Essort, obligeant les troupes qui les occupaient à se retirer par le pont de Meslay, qu'elles ont brûlé. Tournant ensuite la tête du ravin de la Houzée, il est venu donner la main au prince Frédéric-Charles, parti le matin de Blois pour nous attaquer sur nos positions du plateau de Sainte-Anne. Nos troupes ont bien résisté de ce côté ; nos positions sont maintenues ; on s'est battu jusqu'à la nuit. L'ennemi semble accentuer son mouvement vers l'ouest pour couper la route de Tours, la ligne du chemin de fer, et marcher sur Montoire, afin de nous tourner par notre droite et de nous séparer de Saint-Amand, où se trouve le général Barry. Nous résisterons demain, et si nous y sommes forcés, toutes les dispositions sont prises pour nous replier le mieux pos-

sible sur la rive droite du Loir, en faisant sauter tous
les ponts maintenus en cas de retraite. Dans cette éventualité, il ne nous resterait plus qu'à nous diriger sur
Le Mans : je ne le ferai qu'à la dernière extrémité,
persuadé que notre meilleure chance est dans la résistance, et que tout mouvement de retraite peut être le
signal d'un désastre qu'il faut éviter à tout prix....

En finissant, le général Chanzy exprimait le
regret qu'aucune démonstration de la 2ᵉ armée de
la Loire ne l'eût aidé à sortir d'une situation
« qui n'était rien moins que difficile. »

En même temps que le général en chef envoyait
au gouvernement la dépêche qu'on vient de lire, il
rédigeait une proclamation à ses troupes, où il ré-
sumait les événements du 15 décembre, indiquait
sa ferme intention de se maintenir à Vendôme et
même de prendre l'offensive.

Cet ordre à l'armée fut porté à l'imprimerie pour
être placardé dès le vendredi matin ; mais il ne
devait pas voir le jour.

En effet, à cinq heures du matin, l'amiral Jauréguiberry, à qui incombait la lourde tâche de défendre notre ville, venait déclarer au général
Chanzy qu'il ne croyait plus à une résistance sérieuse, par suite de la lassitude et du découragement des troupes ; campées dans la boue et dans
la neige, sans pouvoir allumer les feux de bivouac,
elles avaient eu beaucoup à souffrir, toute la nuit,
du froid et de l'humidité. En présence des déclarations de l'amiral, dont le coup d'œil et la vaillance
lui étaient bien connus, le général Chanzy n'hésita plus : la retraite sur la Sarthe fut décidée.

Immédiatement l'ordre fut donné de faire partir les bagages et les convois, et, au jour, les avant-postes du plateau de Sainte-Anne se replièrent, tandis que le génie préparait la destruction des ponts. Grâce au brouillard épais de la matinée, ces mouvements échappèrent à l'ennemi ; ce ne fut que vers dix heures, alors que nos derniers bataillons, suivis des compagnies de gendarmerie à pied, venaient de traverser le Loir, qu'apparurent sur la rampe du Château une cinquantaine de fantassins allemands, commandés par un officier, et que précédaient quelques hulans. Au moment où ils arrivaient sur la place Saint-Martin, au pied du clocher, une détonation formidable retentit : c'était le pont de l'Abbaye qui sautait. Précaution bien inutile, qui ne pouvait retarder que d'une heure peut-être la marche de l'artillerie allemande, et qui causa la destruction des remarquables vitraux de la Trinité, œuvre d'artistes du XIIIᵉ siècle. Presque aussitôt, le pont Chartrain, le pont Saint-Michel, qui venait à peine d'être achevé, subissaient le même sort.

L'avant-garde prussienne avait pris possession de notre cité, alors qu'un train considérable de munitions et d'approvisionnements était encore en gare. Son départ, nous apprend le général Chanzy dans son ouvrage *La deuxième Armée de la Loire,* avait été retardé par les travaux de mine qu'on exécutait sur le pont de la voie. C'était une grande préoccupation pour le commandant en chef, car ce train pouvait être atteint par les projectiles de l'ennemi, ou même arrêté si ce dernier avait le temps de couper la ligne entre Vendôme et Saint-Amand. Enfin, après une longue attente, l'énorme convoi, où se trouvaient entassés des malades, des éclopés, ce qui restait du matériel de l'armée, de celui du chemin de fer, partait à toute vapeur, remorqué par deux locomotives, et disparaissait bientôt dans la direction de Tours, où il put arriver sans encombre.

A peine le train venait-il de dépasser le pont des Coulis, que l'une des arches volait en éclats.

Pendant ce temps, l'on assistait sur la place à un lamentable spectacle. Les hommes de l'avant-garde prussienne pénétraient dans les cafés et les auberges, et appréhendaient une centaine de traînards qui s'y étaient attardés, malgré les pressants avis qu'on leur avait donnés de fuir au plus vite. Le découragement était bien profond, le sentiment du devoir bien effacé chez beaucoup de nos malheureux soldats, car, il est triste de le rappeler, au milieu de cette centaine de prisonniers que firent quelques fantassins allemands, on remarquait plusieurs gendarmes, ces hommes d'élite qui sont pour nous des types de discipline et d'honneur.

En présence de pareils faits, il était impossible de conserver la moindre illusion sur l'issue de cette malheureuse campagne, et le peu d'espoir qui pouvait nous rester encore allait bientôt s'évanouir à la vue de ces colonnes serrées de régiments allemands, chaussés, vêtus d'une façon correcte, et qui défilaient devant nous dans le plus grand ordre, fumant leur longue pipe recourbée ou murmurant un chant guerrier. Quel contraste avec nos bataillons mal chaussés pour la plupart,

où se coudoyaient tous les uniformes, et qui n'a-
vaient qu'une médiocre confiance dans les officiers
qui les commandaient !

Toute la journée, ce fut dans notre ville un défilé sans fin. Pendant que plusieurs batteries s'in-
stallaient sur le plateau de la montagne, et de là,
au grand effroi des habitants, envoyaient des obus
sur les coteaux de la Tuilerie et de la Garde, occupés encore par nos derniers régiments, les officiers du génie réquisitionnaient les charpentiers
de la ville, et en deux heures la circulation était
rétablie sur tous les ponts.

Aussitôt les hulans traversèrent le Loir ; tombant sur les colonnes de vivres qui étaient en dé-
tresse entre le viaduc du chemin de fer et Saint-
Mars, près Courtiras, ils achevèrent la déroute.

Combat de La Tuilerie

Voici dans quels termes le général Chanzy rend
compte de l'engagement de La Tuilerie :

.... Les éclaireurs allemands traversèrent la plaine et
se mirent à suivre nos colonnes, s'emparant d'un certain nombre de voitures, que les charretiers abandon-
naient, parce que leurs chevaux épuisés ne pouvaient
remonter les pentes rapides et glissantes qui se présentaient à chaque instant. Nos pertes eussent été de
peu d'importance si elles se fussent bornées à ces voitures; malheureusement une mitrailleuse embourbée
dut être abandonnée du 16e corps, et l'amiral Jauréguiberry, averti trop tard, ne put la retrouver, bien qu'il
eût envoyé un bataillon pour la reprendre. Enfin une
batterie de 12 de la réserve, en position au château de
Bel-Air, et dont les hommes, mal surveillés par les of-

ficiers, s'étaient enivrés avec le vin d'une cave qui leur
avait été ouverte, quitta trop tard son emplacement, et
fut attaquée vers le soir, au moment où elle suivait difficilement un chemin étroit et boueux. Deux fois la 1re
section de la 3e compagnie du génie, commandée par le
capitaine Joly, et le 12e bataillon de chasseurs, commandant Fouineau, parvinrent à repousser l'ennemi,
déjà maître de nos pièces ; mais le commandant de la
batterie ayant eu la mauvaise idée de continuer sa
route par le chemin creux dans lequel il s'était engagé,
au lieu de chercher à gagner le plateau, où il aurait re-
trouvé nos colonnes, cette batterie fut définitivement
prise.

Dans cet engagement, qui fait le plus grand honneur
au capitaine Joly et à ses sapeurs, 40 de nos soldats
avaient lutté contre 200 Prussiens, leur avaient tué ou
blessé une cinquantaine des leurs et fait 15 prisonniers.
Ces sapeurs, pour la plupart, ne comptaient pas trois
mois de service. La section eut un homme tué et huit
blessés.

A ce récit officiel nous pouvons ajouter quelques particularités. Témoin de tous les faits qui
se sont accomplis ce jour-là dans notre voisinage,
nous relaterons en toute sincérité certains détails qui ont pu échapper à l'officier chargé de
transmettre au commandant en chef un rapport
sur le combat de la Tuilerie.

Et d'abord on ne peut se faire une idée du pêle-
mêle, de la confusion qui régnait à l'arrière-garde
de notre armée, battant en retraite dans la direction du Mans. Commencé avec ordre à 6 heures
du matin, le mouvement de l'aile droite s'accomplit d'une façon irrégulière. On voyait errer, le long
des chemins qui conduisent sur le plateau domi-

nant Courtiras, de malheureux mobiles à peine vêtus et chaussés, sans sacs, quelquefois même sans
armes, des artilleurs sans canons, des cavaliers
sans montures; tous ces hommes s'avançant sur
un sol défoncé, à travers les fourgons et les voitures réquisitionnées, où reposaient des malades
et des blessés. Les larmes vous gagnaient malgré
tout, en présence d'un pareil spectacle, dont ne peuvent avoir idée ceux qui n'ont pas vu ce désordre,
cette démoralisation générale. Nous reportant au
passé, nous pensions à ces affiches mensongères, à
ces ineptes avis du citoyen de Marçay, qui nous
conviait à la défense de la ville, et qui affirmait que
les blessures des armes prussiennes étaient
peu dangereuses. Phraseurs tous ces hommes
qui mentaient effrontément, et qui, après avoir
poussé à la résistance, mettaient leur personne
à l'abri, à l'approche du danger !

Tel était l'encombrement sur la grande route
d'Epuisay, que plus de 200 chariots de vivres et de
munitions, qui avaient quitté Vendôme dès le
matin, n'avaient pas, à midi, dépassé Saint-Mars
ou les hauteurs de Courtiras. Un peloton d'éclaireurs ennemis ne tarda pas à s'emparer de ce
convoi, ainsi que d'une mitrailleuse embourbée, à
laquelle deux chevaux étaient encore attelés.

Aux abords de Villiers, plusieurs voitures
étaient restées en arrière, comme abandonnées.
Le maire donna ordre de sauver ce qu'elles pouvaient contenir: l'une d'elles, la voiture du colonel Béraud, chef d'état-major, renfermait la caisse
et les archives de la 1re division du 17e corps.
L'argent fut mis en sûreté ; mais les papiers,

dont les paysans n'avaient pas compris l'importance, furent laissés dans la voiture, et tombèrent au pouvoir de l'ennemi. Quelques jours plus
tard, les gazettes allemandes annonçaient que,
« dans la précipitation de la déroute de Vendôme,
l'armée de la Loire avait abandonné ses archives,
qui contenaient de précieux renseignements. »

Un tiers environ des troupes allemandes qui
traversèrent Vendôme dans la journée, et qui
toutes appartenaient au 10e corps, fut cantonné
dans la banlieue.

A Courtiras, où leur arrivée causa une véritable panique, les soldats s'installèrent en partie
dans les caves et dans les logements abandonnés.
Le garde national Bigot fut surpris au moment
où il cachait son fusil ; ayant refusé de le livrer,
il fut aussitôt tué au carrefour du village.

A La Garde, une batterie française avait pris
position ; à 10 heures, elle reçut l'ordre de se replier, sans avoir même tenté de riposter aux obus
que l'artillerie prussienne envoyait de la Montagne. A deux heures, l'ennemi pénétra dans le
village, qu'il trouva à peu près vide, presque tous
les habitants s'étant réfugiés, avec leurs bestiaux,
dans les bois. Ceux qui n'avaient pas quitté leur
maison furent très maltraités.

A Varennes, quelques hulans apparurent à
3 heures ; bientôt d'autres arrivèrent, et un petit
engagement eut lieu sur la hauteur. Ils firent plusieurs prisonniers ; mais deux dès leurs furent
désarçonnés et blessés grièvement.

A Marcilly, l'ennemi ne parut que dans la soirée.
Il lança une bombe sur le bivouac français, qu'on

apercevait à quelques kilomètres de là ; ce fut le signal du couvre-feu.

A Saint-Ouen, les premiers Prussiens qui se présentèrent déclarèrent au maire qu'ils donneraient tous leurs soins aux blessés français qui se trouvaient dans les ambulances de la commune, en reconnaissance de la façon hospitalière dont les Allemands avaient été traités dans les ambulances de Vendôme.

Pendant que les 16e et 17e corps effectuaient tant bien que mal, plutôt mal que bien, leur mouvement de retraite, le 21e corps avait à supporter le choc de l'ennemi.

Dès le matin, une colonne allemande était signalée dans la direction de Saint-Jean-Froidmentel. Le général Rousseau, voulant garder à tout prix la vallée et le débouché, sur la rive gauche du Loir, de la grande route du Mans à Orléans, résolut d'occuper Morée et les hauteurs environnantes. Ce mouvement en avant était commencé, et déjà nos tirailleurs pénétraient, sous le feu de l'ennemi, dans une partie du village, quand le général Rousseau reçut l'ordre de battre en retraite. Il dut se replier précipitamment, la nuit, sur la lisière de la forêt de Fréteval, où l'ennemi le poursuivit. Cette même plaine qui avait été, au XIIe siècle, si funeste à nos armes, aurait pu être témoin d'un nouveau désastre.

D'après les instructions qu'il avait reçues, le 21e corps devait occuper la ligne de Montoire, Les Roches, Fortan, Epuisay, Le Temple, Mondoubleau et Saint-Agil. Les routes étaient en si mauvais état, la neige entravait tellement la marche

des troupes, que les étapes ne purent être fran-
chies dans le temps déterminé par l'ordre du général en chef.

Mais revenons au combat de la Tuilerie, sur lequel nous sommes à même de fournir des détails très circonstanciés.

La batterie de réserve du 16e corps avait été installée à Bel-Air, avec mission, pendant que le
gros de l'armée opérerait sa retraite, de protéger le
pont de Naveil, la plaine de Vendôme, et de battre
le ravin de la Houzée et la plaine d'Areines. A
dix heures et demie, les batteries prussiennes se
postent sur le plateau de la Montagne, envoient
quelques obus sur La Tuilerie, et nos canons de
Bel-Air se disposent à riposter, quand arrive
l'ordre de se replier en toute hâte. Il était déjà
trop tard. De plus, le capitaine commandant la
batterie eut la malencontreuse idée de reprendre
le chemin étroit et difficile par où il était venu, au
lieu de gagner la route d'Epuisay par la hauteur. Malgré des efforts surhumains, les canonniers ne purent dégager les pièces embourbées
dans les ornières ; les chevaux, harassés de fatigue, étaient à bout de forces, quand soudain tombe
sur nous un détachement brunswickois, qui
s'apprête à couper les attelages, à mettre nos artilleurs hors de combat et à s'emparer des canons.
Mais, des haies voisines, au lieu dit Fosse-Pitié,
quelques Français embusqués tirent sur l'ennemi
et un moment l'obligent à reculer. L'officier allemand va droit au capitaine de la batterie, et lui ordonne de faire cesser le feu. Le capitaine fait signe aux nôtres de s'arrêter ; mais la fusillade re-

double. Sauve qui peut! s'écrie alors le capitaine. Quel triste épisode ! Un de nos officiers recevant et exécutant les ordres d'un chef allemand, pendant que le lieutenant de la batterie et ses hommes fuyaient de tous côtés, laissant aux mains de l'ennemi chevaux et canons !

C'est alors qu'arrivèrent la 1ʳᵉ section de la 3ᵉ compagnie du génie, commandée par le capitaine Joly, et le 11ᵉ bataillon de chasseurs, commandant Fouineau, qui, la baïonnette au fusil, se précipitent sur le régiment hanovrien qui venait d'entrer en ligne. En même temps, débouche, du bois de Bel-Air, un bataillon de chasseurs, qui ignorait complètement le sort de la batterie de la Tuilerie. Les hommes, se voyant tournés, semblent hésiter. Mais un sous-officier, le fourrier Papot, plein de courage et d'entrain, en rallie un certain nombre, et s'élance résolument en avant. Au premier coup de feu, il abat le colonel du régiment hanovrien ; blessé grièvement à la joue, il avance toujours, et deux nouvelles victimes tombent sous sa baïonnette, Il s'arrête atterré ; le clairon du bataillon sonne: nul doute, on vient à son secours et il va poursuivre ses exploits. Il n'en fut pas ainsi : les nôtres, mis en déroute par les Allemands, qui voulaient venger la mort de leur colonel, durent céder le terrain, abandonnant le brave fourrier, qui reçut plusieurs coups de crosse, assénés de telle sorte, que son bras était fracturé en deux endroits et que le sang inondait son visage. Relevé à demi mourant, il fut conduit à l'ambulance du Saint-Cœur, escorté par deux Prussiens. Au passage à niveau, l'officier du poste demanda des explications aux soldats, qui lui apprirent que leur prisonnier avait blessé grièvement le colonel. L'officier, saisissant son revolver, se disposait à faire sauter la cervelle de cette *canaille de Français,* quand il s'aperçut qu'il était couvert de sang ; il se contenta de lancer un juron, accompagné d'un maître coup de pied.

Le prisonnier parvint enfin à l'ambulance, où il fut l'objet de soins dévoués, même de la part des Prussiens, qui, du reste, rendaient justice aux égards que nos médecins et nos infirmiers ont toujours eus pour leurs blessés.

Sur le combat de la Tuilerie, nous avons reçu de l'un des conducteurs de la batterie, M. Eugène Fromageot, des détails circonstanciés, qui réfutent certains points du rapport que le général Chanzy, d'après des renseignements inexacts, a publié sur cette affaire.

Notre artilleur se défend d'abord, avec la plus grande énergie, de l'accusation, portée contre ses camarades et lui, de s'être enivrés dans une cave ; puis il rappelle que, par suite du dégel, les pièces s'étaient enfoncées profondément dans la boue. Le soir du 14 décembre, la pluie tombait ; les tentes avaient été dressées sur un sol tellement détrempé, que les fagots de bois sur lesquels reposaient les hommes cédèrent, et nos malheureux soldats durent renoncer à rester couchés.

Le matin venu, il fallut doubler les attelages pour retirer les pièces de cet endroit ; dans la soirée du 15, ordre fut donné de prendre position sur la hauteur ; ce ne fut pas sans peine.

9

« Le 16 au matin (nous citons textuellement), nouvel ordre ; nous devons occuper Bel-Air. A chaque pièce il faut atteler douze chevaux pour atteindre cette position ; la batterie disposée, nous donnons l'avoine aux chevaux, qui, très éprouvés par les privations et les fatigues des jours précédents, refusent de manger. Pauvres bêtes, que nous désirions tant abreuver aux eaux du Loir !

« Pour nous, nous dûmes nous contenter, pour notre cuisine et notre breuvage, de l'eau prise dans les raises du champ où nous campions. Voilà la manière dont nous aurions pu nous mettre en état d'ivresse !

« Nous n'avions pas terminé notre repas, que l'ennemi apparaît du côté de Saint-Ouen. Le capitaine nous fait aussitôt mettre en batterie, et commande le feu. A peine tirons-nous quelques coups : un commandant arrive à cheval, et donne l'ordre de descendre dans la plaine par le chemin que nous avions pris la veille. C'était impraticable, mais nous devions obéir. Nos chevaux, affaiblis et atteints de la gourme pour la plupart, pouvaient à peine se tenir sur les jambes. Est-il étonnant que les Prussiens, tombant sur nous à l'improviste dans un pareil désarroi, aient eu facilement raison de nos misérables attelages ? N'était-ce pas imprudent, pour ne pas dire plus, de nous faire redescendre par un chemin aussi boueux et malaisé, en face de l'ennemi ?

« Dans son rapport, le général Chanzy dit que notre batterie avait quitté trop tard le plateau de Bel-Air. Cependant, pas une minute n'a été perdue. L'ennemi paraissant, nous lui avons envoyé

quelques obus ; puis, sur l'ordre reçu par notre
capitaine, nous nous sommes mis immédiatement
en devoir de descendre. Il eût été plus habile de
nous diriger directement sur le plateau de la Tuilerie, où nous aurions été couverts par les détachements qui occupaient ces hauteurs. Les chemins, sur ce point, étaient bons, et des éclaireurs
auraient protégé nos mouvements.

« Voilà le résultat de cette guerre à outrance,
que prêchaient nos hommes d'Etat, alors que
nos soldats succombaient de fatigues, et que nos
chevaux ne pouvaient plus obéir à l'éperon. Tel
était le dénuement des troupes, que des cavaliers
étaient chaussés de sabots, les basanes étaient rat-
tachées au pantalon par des ficelles, et que même
les conducteurs de batterie n'avaient plus de fouet
à leur disposition !

« Il est dur de se voir en butte aux reproches
qui nous ont été adressés, quand on songe que
les trois quarts des hommes composant notre
batterie étaient des soldats éprouvés, qui avaient,
dès le début de la guerre, fait preuve d'un courage
héroïque, et qui depuis Sedan jusqu'à Vendôme
n'avaient pas, comme tant d'autres, quitté le rang
qui leur avait été assigné. »

Tel est le récit, telles sont les réflexions de notre
correspondant, et qui pour nous, témoin de tous
ces faits, sont l'expression de l'exacte vérité.

SAMEDI 17 DÉCEMBRE

*Voici quelles étaient, autour de Vendôme, les positions
de l'ennemi : à son extrême droite, une division de
cavalerie opérait dans la direction de Nogent et de
La Ferté-Bernard ; une division d'infanterie occupait la route de Châteaudun à Vibraye, vers La Fontenelle ; une autre division formait l'extrême gauche,
entre Montoire et Châteaurenault ; au centre, les
Prussiens tenaient la ligne d'Epuisay, Romilly et
La Chapelle-Vicomtesse. La 37e brigade formait
réserve à Vendôme.*

Dès la veille au soir, un officier supérieur avait
été désigné pour remplir les fonctions de commandant de place à Vendôme. Dans la ville et à la
campagne, les soldats établirent aussitôt leurs logements.

L'administration française cède la place à l'organisation prussienne : la direction de l'hospice
et des ambulances est confiée à trois chirurgiens
militaires, qui révisent, non sans motif, l'organisation de plusieurs maisons où les soins laissaient
à désirer. La communauté du Saint-Cœur, qui
renfermait déjà un grand nombre d'incurables,
reçoit ce jour-là une trentaine de blessés, en
même temps que des fourgons y amènent draps,
literie, couvertures, en un mot tout le matériel nécessaire à une ambulance. La sœur Léontine est
mise à la tête des nouveaux services ; elle et les
sœurs placées sous ses ordres rivalisent de zèle
et de dévouement. Cette ambulance fut reconnue

comme la plus salubre de la ville ; elle était parfaitement installée sous tous rapports.

Nous devons relater ici un incident qui s'y produisit dans la journée du 17. L'un des nôtres, le fourrier Papot, qui, on se le rappelle, avait été transporté dans cette ambulance, après avoir tué, au combat de la Tuilerie, un colonel hanovrien, était en butte aux mauvais traitements des soldats prussiens. Le commandant de place, averti, prescrivit une enquête. Etait-il exact que Papot, ainsi qu'on l'en accusait, avait frappé le colonel après lui avoir porté déjà un coup mortel ? Les explications loyales de l'accusé, les affirmations de son camarade Durand, blessé à côté de lui dans le combat de la Tuilerie, tout prouvait que Papot s'était conduit en brave ; mais ce qui acheva de convaincre le commandant de place, ce fut la déclaration de deux soldats hanovriens, qui avaient vu tomber leur colonel, et qui demandèrent à ce qu'on rapprochât leur lit du lit de notre fourrier, afin de pouvoir lui tendre la main en signe de réconciliation ; ce qui leur fut accordé. Cette scène fut des plus touchantes. Papot fut proclamé un vaillant soldat. Le lendemain, le colonel succombait, dans la même ambulance, aux suites de ses blessures.

Dans la matinée, nos officiers du génie avaient miné et fait sauter les ponts des Roches et de Lavardin, pour retarder la poursuite de l'ennemi ; en même temps, le général Barry donnait l'ordre de détruire l'une des arches du pont de Montoire, dont la reconstruction, qui avait demandé de longs mois, était à peine achevée. Le pont tout entier s'effondra dans le Loir.

Le 19ᵉ corps, dans sa retraite sur Epuisay et Saint-Calais, eut à soutenir plusieurs engagements avec l'ennemi. Dans le Perche, notamment à Droué, à La Fontenelle et au Poislay, la lutte fut des plus vive.

Défense est faite aux habitants des communes et des villages que traverse l'armée allemande de sortir de chez eux ; mais des hauteurs de Lubidé, qui dominent les routes de Montoire, de Mondoubleau, de Saint-Calais, il nous est facile d'assister au défilé des bataillons, des batteries, des escadrons, des convois de toute sorte, qui se succèdent sans interruption, et toujours dans un ordre parfait. Quel contraste avec le triste spectacle des jours précédents !

Partout où ils passent, les Allemands font main basse sur les voitures, les chevaux, les fourrages, les bestiaux ; ils épuisent complètement nos pauvres campagnards, qui assistent sans défense à leurs razzias.

Parfois ils commettent de véritables actes de sauvagerie. C'est ainsi qu'au village de La Garde, ils obligent une femme à faire cuire le peu de farine qui lui restait et qu'elle réservait pour alimenter ses tout jeunes enfants ; puis ils s'emparent de la fournée entière, sans laisser le moindre morceau de pain à cette malheureuse mère, dont les larmes restent sans effet. Ces faits se sont souvent renouvelés ; aussi, pour détourner l'attention de l'ennemi, cuisait-on le pain, autant que possible, dans des fours isolés, et le cachait-on dans les endroits les moins apparents. Certaines familles, qui subissaient chaque jour les exactions

des soldats, restèrent sans pain pendant une semaine; d'autres durent se contenter de quelques
pommes de terre, ou dépecèrent des chevaux abandonnés sur la route.

Les Allemands ont une méthode toute spéciale
pour se cantonner dans les villes ou les villages. Un
tiers des hommes environ sont désignés pour le
service des avant-postes, pendant que des fourriers pénètrent dans chaque maison, jugent le
nombre d'hommes qu'elle peut contenir, et l'inscri-
vent à la craie sur la porte du logis, en indiquant
également les numéros du bataillon et de la compagnie auxquels appartiennent les hommes. De
cette façon, tous les soldats sont assurés de trouver un gite, et leurs chefs les ont immédiatement
sous la main, en cas d'alerte. Les portes des maisons doivent rester ouvertes, ou tout au moins sans
clef; au premier signal, chaque homme doit être
debout, prêt à prendre, dans le plus grand silence,
la place qui lui est assignée.

Nous avons constaté le soin avec lequel nos
ennemis visitaient les chambres qu'avaient pu occuper, avant eux, des officiers français. Tous les
meubles sont ouverts, fouillés, et le moindre papier
éveille l'attention des chercheurs, qui espèrent toujours trouver une indication précieuse.

Cette organisation, qui ne pèche par aucun détail, nous suggère de pénibles rapprochements.
N'avons-nous pas vu des régiments entiers de l'armée de la Loire arriver chez nous sans que personne ait été avisé ? Rien n'était préparé pour
les recevoir, et souvent nos pauvres mobiles durent errer toute une nuit sans trouver un asile, et

cela après une longue marche forcée, sous la pluie, dans la neige, ou par un froid rigoureux. Souvent nos cavaliers en étaient réduits à tirer par la bride leur monture, que la fatigue et le manque de nourriture mettaient dans l'impossibilité d'avancer.

Combat d'Epuisay

Le général Chanzy fut sérieusement inquiété dans sa retraite, à la hauteur d'Epuisay. Une colonne ennemie tomba à l'improviste sur l'arrière-garde de l'une des divisions du 17° corps. Le choc fut vaillamment soutenu par un bataillon du 51° et une demi-batterie ; nos pertes furent, toutefois, assez sensibles. A la suite de cet engagement, l'ennemi renonça au mouvement tournant qu'il paraissait vouloir essayer sur notre droite.

Combat de Droué

Bien autrement sérieuse fut la résistance qu'avait éprouvée, à notre extrême gauche, le corps de Bretagne, que commandait l'énergique général Goujard.

Les troupes composant ce corps, qui, la veille, avaient défendu avec tant d'acharnement leurs positions à Saint-Hilaire, Morée et Fréteval, quand l'ordre leur était parvenu de battre en retraite, avaient marché toute la nuit, avançant à grand' peine à travers ces routes boisées et inextricables du Perche. Arrivés à sept heures du matin à Droué, nos hommes, exténués de fatigue, se disposaient à prendre un peu de repos, lorsque les Allemands

apparurent tout à coup. D'abord, ils semèrent
le désordre et l'épouvante ; mais le général Goujard, ralliant, avec sa bravoure habituelle, les bataillons qui commençaient à lâcher pied, se porta
résolument en avant, et réussit à culbuter l'ennemi, qui perdit dans ce combat deux officiers supérieurs. De notre côté, nous laissions sur le terrain un chef d'escadron d'artillerie, une centaine
d'hommes et un nombreux matériel.

Sans l'énergie du général Goujard, la retraite
du 21e corps eût été compromise.

DIMANCHE 18 DÉCEMBRE

*Grand combat sous les murs de Nuits. Le général Cré-
mer tient tête longtemps au général Werder, mais il
est obligé de céder la place, et se retire à Beaune, non
sans avoir infligé à l'ennemi des pertes énormes :
2 généraux, 2 colonels, 48 officiers et 893 hommes,
avaient été mis hors de combat du côté des Badois.*

Les passages de troupes continuent ; les réquisitions deviennent exorbitantes ; il ne reste plus
dans nos villages ni denrées, ni bestiaux, ni fourrages ; partout c'est la ruine, la désolation.

Les habitants des hameaux sont particulièrement maltraités : à La Garde, les Prussiens obligent les quelques hommes qui y résident encore
à aller chercher dans la forêt des charges de bois,
exigeant d'eux un vrai métier de bêtes de somme.
Ils s'emparaient impitoyablement des chevaux et
des voitures, qui jusque-là avaient pu être soustraits à leur rapacité, et s'en servaient pour em-

mener plus loin le linge, les vêtements à leur
convenance, voire des meubles et des horloges ;
ils étaient même très friands de ce dernier article, ainsi qu'on l'a constaté sur tous les points
qu'ils ont envahis.

Nous n'en finirions pas, s'il nous fallait raconter tous les méfaits dont ils se rendirent coupables, et qui témoignent de la méchanceté et de
l'intempérance de ces véritables hordes de barbares.

Ils avaient, pour découvrir les cachettes, une
habileté, un flair tout à fait surprenants. Au petit
village des Fontaines, près Courtiras, aucune
maison ne trouva grâce devant eux ; ils enfon-
cèrent les portes, brisèrent les meubles et se livrèrent au plus infâme pillage. Le linge fut enlevé, les caves furent mises à sec. Les propriétés
Leroy, Lebon et Chautard, furent particulièrement
saccagées. Ils réussirent à trouver dans le roc
l'ouverture d'une cachette, bien dissimulée pourtant, et pas une des bouteilles qu'elle renfermait,
et qui formaient une collection rare des meilleurs
crus du pays, ne fut épargnée. Bien entendu, ils
contraignaient les habitants à conduire dans les
villages voisins « pour camarades », disaient-ils,
et même à Vendôme « pour cap'tain' », les pièces
qu'ils ne pouvaient consommer sur place. Celles
qui restaient subissaient le même sort le lendemain.

Tout pour eux était prétexte à bombance. Dans
la nuit précédente, douze Allemands étaient tombés chez le maire de Villiers, l'avaient fait lever et
obligé de les conduire, un falot à la main, à l'am-

bulance de La Vallée ; là ils s'installèrent, se firent servir un copieux dîner, ce qui ne les empêcha pas, au retour, d'envahir la principale auberge du bourg, et d'y recommencer leurs orgies jusqu'au matin ; après quoi ils rentrèrent à Courtiras, pour faire leur rapport sur l'ambulance de Villiers.

Nous avons pu obtenir, ce jour-là, 18 décembre, un permis de circulation. On se souvient que le garde national Bigot avait été fusillé à Courtiras, pour avoir refusé de livrer son fusil. Sa famille désirait, à tout prix, que son enterrement fût fait avec l'assistance du clergé. Il fallait obtenir l'autorisation ; ce qui n'était pas facile avec des maîtres aussi ombrageux et intraitables. A titre de conseiller municipal de Vendôme, nous nous rendîmes auprès du commandant de place, qui justement assistait, à la Madeleine, à la messe dite par le clergé allemand, en présence de toute la troupe. Les armes avaient été formées en faisceau sur la place, sous la garde d'une escorte imposante. Au milieu des faisceaux, se détachait, comme pour nous narguer, une mitrailleuse qu'avait abandonnée le 16ᵉ corps, dans la précipitation de la retraite.

Grâce à l'intervention du curé de la paroisse, qui assistait de sa stalle à l'office, et après de nombreux pourparlers, la permission demandée fut enfin accordée.

Il nous faut encore revenir sur les traitements, indignes d'un peuple civilisé, que nous firent subir nos implacables ennemis. Pour arriver à nous épuiser, à nous réduire à demander la paix, tous les moyens étaient bons : détruire tout sur leur passage, affamer nos campagnes, semer partout la ruine et l'épouvante; telle était leur cruelle devise, à laquelle ils restèrent constamment fidèles.

Mettant le comble à leurs exactions, là où les réquisitions ne donnaient pas le résultat qu'ils prétendaient obtenir, ils se livraient à de condamnables voies de fait. La bastonnade attendait parfois le maire ou le notable impuissant à satisfaire leurs exigences ; d'autres aussi étaient gardés en otage, et confinés souvent au fond de l'Allemagne. En un mot, le droit des gens était à tout instant outrageusement violé par ces terribles soudards, qui, dans les campagnes surtout, ne connaissaient ni frein ni loi.

LUNDI 19 DÉCEMBRE

Le prince Frédéric-Charles, inquiet des mouvements du général Bourbaki, renonce à poursuivre, avec toutes ses forces, l'armée de Chanzy. Le duc de Mecklembourg, laissant à Vendôme la 28e division du 10e corps, s'établit fortement du côté de Chartres. — Le général Voigt-Rhetz se dirige sur Tours. Quelques obus sont lancés sur la ville, qui arbore le drapeau blanc. Après avoir détruit la ligne de Tours au Mans, l'ennemi prend ses cantonnements à Blois et à Herbault.

Vendôme est complètement envahi par les troupes. Leurs mouvements sont exécutés avec le plus grand ordre et dans un silence absolu.

Un ordre formel de la commandature exige que

les ponts soient rétablis, de façon que dès le lendemain matin toutes les communications soient as-
surées à l'armée. En cas de non exécution dans
le délai fixé, la ville devra verser une contribution de 20,000 francs et subira des représailles.

Dans le même délai, devront disparaître toutes
les tranchées qui ont été faites, sur les routes et
les chemins, pour entraver la marche de l'ennemi.

Ces ordres furent exécutés à la lettre.

Les réquisitions deviennent intolérables. Un officier, entre autres, et 25 hulans se présentent à
la mairie de Villiers, réclamant la livraison de
4,500 kilogr. d'avoine, sous peine de pillage. C'est
à grand'peine que l'on put obtempérer à leurs exigences. Et de même dans toutes les communes.

Leur mode de procéder, en arrivant pour la première fois dans une ville ou un village, était mé-
thodiquement réglé. Le pistolet au poing, ils se
font tout d'abord conduire chez le maire, lui an-
noncent l'arrivée d'une colonne plus ou moins
forte, et le somment de leur livrer immédiatement toutes les armes qui peuvent exister dans la
commune. Après s'être fait délivrer vivres et fourrages, ces éclaireurs partent à bride abattue, pour
opérer de même dans une commune voisine.

Bientôt arrivent, à leur tour, les fourriers de la
colonne annoncée, qui distribuent les logements
dans le bourg et dans les hameaux qui l'entourent. Tous ont en main une carte de l'état-major
allemand, où sont indiqués les moindres sentiers,
les ponts, les gués, et jusqu'au nombre d'habitations.

MARDI 20 DÉCEMBRE

Le quartier général du prince Frédéric-Charles est à
Orléans ; le général Chanzy établit le sien au Mans.
Les Allemands profitent de l'arrêt dans les hostilités
pour se réorganiser, et pour compléter, à l'aide de re-
crues, l'effectif de leurs régiments. Le général Chanzy
redouble d'efforts pour rétablir l'ordre dans l'armée
de la Loire, dont la retraite a achevé le désarroi.

La température est rude ; une couche épaisse
de neige couvre le sol. Les routes sont, malgré
tout, sillonnées de colonnes et de convois, les uns
remontant dans la direction de Montoire, Mondoubleau, Saint-Calais, les autres, au contraire,
revenant à Vendôme.

Le détachement très nombreux qui séjournait
à Azé depuis le 17 décembre, où il y exerçait force
réquisitions, quitte cette commune, emmenant tout
le bétail de Bellatour et des autres fermes.

A Villiers, nouvelles razzias. Le maire a beau
protester, et prétendre que les demandes des ré-
quisitionneurs dépassent toute mesure, les étables
sont de nouveau fouillées, et 17 vaches enlevées ; ce n'est pas tout : des maisons furent dé-
valisées, des caves mises à sec.

A Vendôme, les choses se passaient plus cor-
rectement, sous l'œil d'officiers supérieurs ; et
l'on ne saurait comparer la situation des villes,
pendant l'invasion, à celle des campagnes.

L'un des premiers soins de la commandature

fut de réglementer le port du brassard à la croix rouge de la convention de Genève, et qui doit être revêtu de l'estampille allemande.

MERCREDI 21 DÉCEMBRE

Sortie infructueuse de la garnison de Paris, au Bourget, où se distingue le 3e bataillon de fusiliers marins. Les Prussiens avouent avoir perdu 140 officiers et 400 hommes ; nous comptons hors de combat 1200 hommes. — L'ennemi reprend sa marche en avant, l'aile gauche sur Tours, l'aile droite sur Le Mans.

Après l'arrèt relatif des jours précédents, les troupes se remettent en marche ; c'est, toute la journée, un défilé de régiments, d'escadrons, de batteries, qui ne semble pas devoir s'arrèter.

Chacun reste confiné dans sa maison, car toute circulation est interdite. A Courtiras, nous sommes sans nouvelles de Vendôme.

Nous en sommes réduits à faire de pénibles réflexions sur les événements désastreux qui viennent de s'accomplir, sur les nouveaux malheurs que peut-être nous réserve l'avenir. En voyant passer devant nous ces hommes soumis à une discipline inflexible, mais qui ont toute confiance en leurs chefs, très attentifs à ce qu'il ne leur manque rien, nous pensons à nos pauvres soldats, à nos chers mobiles, mal équipés, et qui sont exposés, sous la tente, à toutes les rigueurs de la saison. Le découragement devait s'emparer d'eux ; quand, au contraire, le soldat allemand puisait de nouvelles forces, une nouvelle énergie, dans le souvenir de ses victoires et l'expérience de ses officiers.

JEUDI 22 DÉCEMBRE

Le capitaine de Boisdeffre quitte Paris en ballon, pour faire connaître au général Chanzy que la résistance de la capitale ne pourrait se prolonger au delà du 20 janvier. — Aucun autre fait important à signaler.

Nous assistons à des scènes d'une barbarie révoltante. C'est à peine si, dans nos villages, il nous restait le strict nécessaire pour pourvoir aux besoins de l'existence ; ne tenant aucun compte de notre dénuement, l'ennemi réquisitionne encore, et veut nous ravir nos dernières vaches et le peu de fourrages que nous avons pu conserver. La rage nous monte au cœur: le maître Girard, de Courtiras, et moi, osons élever une réclamation ; cette audace nous vaut d'être bâtonnés.

Que de malheureux, blessés dans leurs plus chers sentiments, n'ont pu survivre aux douleurs de l'invasion ! Le maître Girard fut du nombre : les souffrances de toute nature qu'il avait endurées hâtèrent sa fin. Combien d'autres eurent le même sort !

L'autorité allemande renouvelle ses prescriptions au sujet du brassard à la croix de Genève, qui doit porter un cachet spécial, et ne peut donner, dans aucun cas, le droit de circuler librement au milieu des troupes. Cette mesure est prise pour rendre impossible tout espionnage.

VENDREDI 23 DÉCEMBRE

Bataille de Pont-Noyelles entre les armées des généraux
Faidherbe et Manteuffel. Telle est la violence de la
lutte, que nous avons 1,046 des nôtres hors de com-
bat, et que 955 Allemands restèrent sur le champ de
bataille. Malgré une résistance inespérée, notre ar-
mée du Nord doit battre en retraite et abandonner les
villages autour d'Amiens.

Le marché de Vendôme est nul, la circulation
sur les routes étant complètement entravée.

Des voitures chargées de grains et de fourrages
réquisitionnés par l'ennemi, encombrent notre
ville ; ces convois sont la plupart conduits par
des gens de Montoire, qui nous apprennent que les
deux armées sont en contact dans le Bas-Vendomois ; les Allemands accentuent leur mouvement
en arrière, et ordre a été donné aux convois de se
replier sur Vendôme.

Les soldats et leurs chefs ne se cachent pas
d'être très inquiets. Nous hébergions ce jour-là
chez nous 2 officiers et 24 soldats ; tous étaient
fort agités : « Nous partir cette nuit, » disaient-ils.

A partir de ce jour, il nous fut laissé plus de liberté. Je me rendis au cimetière de Vendôme ;
un bien pénible spectacle m'y attendait. Le temps
manquait pour creuser les tombes qui eussent été
nécessaires. On avait commencé des terrasse-
ments pour établir une fosse commune ; mais ce
travail, mal dirigé, fut insuffisant et l'on dépo-
sait les cercueils sur le sol, sans sépulture. Com-

10

bien de malheureux soldats ne furent même pas mis en bière, et restèrent de longues heures à peine couverts, leurs blessures pantelantes et figées par le froid. ! Pauvres enfants, qui gisent ainsi, pendant qu'au loin leurs parents et leurs amis pensent à eux, avec l'espérance de les revoir !

SAMEDI 24 DÉCEMBRE

Par suite des fêtes de Noël, qui sont en grand honneur en Allemagne, l'ennemi cesse tout mouvement en avant. Pendant deux jours, les deux armées conservent leurs positions respectives.

Depuis quelques jours le froid est rude ; il paraîtrait insupportable dans toute autre circonstance. Mais cette succession de mauvais jours nous a comme anéantis, et l'on se fait à toutes les misères ; sans nouvelle aucune de ce qui peut se passer au delà du cercle de fer qui nous étreint, nous attendons, insensibles à tout, des jours meilleurs. Pour ma part, je n'ai d'autre occupation que de voir défiler pendant deux heures de nombreux détachements d'infanterie et d'artillerie, qui débouchent des Quatre-Huis pour gagner, par Courtiras, la route de Mondoubleau.

J'apprends que sommation a été faite à la municipalité de Vendôme d'avoir à fournir immédiatement 300 livres de beurre et cent douzaines d'œufs, destinés à préparer les gâteaux de la Noël. Comment satisfaire à de telles exigences ? Dans tout le rayon de Vendôme, plus de la moitié

des vaches avaient été enlevées et les trois quarts
des poules avaient disparu. La municipalité fit
les plus grands efforts, et parvint, grâce au
concours de M. Halgrain, à réunir une quantité
suffisante des denrées qu'exigeait la commandature.

Dans les communes environnantes, les troupes
allemandes procédèrent de même, et firent bombance avec toutes les victuailles qu'elles purent
réquisitionner. Et pendant ce temps, les avant-
postes veillaient plus activement que jamais, prêts
à donner le signal, en cas d'alerte.

Nous venons de voir que nos vainqueurs ne se
faisaient pas faute d'élever des prétentions exorbitantes. Là où ils rencontraient quelque résistance,
ils employaient aussitôt la menace, assignaient
au maire une heure déterminée pour qu'il leur li-
vrât le tribut exigé, sous peine, si satisfaction ne
leur était pas donnée au jour dit, de voir lancer
des obus sur la ville ou le bourg.

Le plus souvent on leur donne une partie de ce
ce qu'ils demandent, et on obtient pour le reste un
sursis plus ou moins long. Mais, si l'on s'exécute
de mauvaise grâce, gare les représailles! Il ne
leur en coûte nullement d'envoyer quelques obus
qui détruisent tout sur leur passage.

DIMANCHE 25 DÉCEMBRE

*Sur tout le territoire envahi, cette date fut l'occasion de
réquisitions multipliées. L'ennemi voulait fêter digne-
ment la Christmas à nos dépens.*

La fête de Noël fut pour les deux armées un jour de trêve.

Après avoir assisté aux offices, célébrés dans les deux paroisses spécialement pour l'armée allemande, les soldats se retirèrent dans leurs logements et firent bombance. Pour plus d'un, ce fut un jour de tristesse ; car combien auraient préféré fêter la Noël, moins copieusement peut-être, mais dans leur famille ! Les sapinières du voisinage avaient été mises à contribution : dans chaque maison se dresse un sapin décoré de ru-bans, et autour mangent, boivent, chantent et dansent, jusqu'au milieu de la nuit, ceux-là même qui, le lendemain peut-être, tomberont frappés par une balle sur le champ de bataille !

En honneur de la Noël, une promenade mili-taire eut lieu. Deux escadrons de cuirassiers et une section d'artillerie, précédés d'un corps de musique, quittèrent Vendôme vers 9 heures, tra-versèrent Mont-rieux, Villiers, et s'arrêtèrent sur les hauteurs de Mazangé, d'où ils se donnèrent la satisfaction de tirer un coup de canon. Ils re-vinrent à Vendôme dans la soirée, chantant à tue-tête et tout fiers de leur parade.

A Courtiras, le détachement d'avant-poste s'en donna à cœur-joie ce jour-là et se livra à une foule d'excentricités d'un goût plus que douteux. Une marchande d'objets du Mont-de-Piété s'était réfugiée à Courtiras avec tout son butin. Les sol-dats firent main basse sur des costumes de théâtre, et s'en affublèrent pour parodier, de la façon la plus ignoble, l'empereur, l'impératrice, Gambetta, et même nos généraux. Nous renonçons à dé-

crire ici les scènes immondes dont nous avons
été témoin.

LUNDI 26 DÉCEMBRE

*Le prince de Saxe prend ses dispositions pour déloger
notre artillerie du plateau d'Avron, où elle s'est fortement établie. 76 pièces de siège menacent les forts de
Rosny, de Noisy et de Nogent.*

La fête de Noël ne se passa pas partout, comme
à Vendôme, sans incident. C'est ainsi que dans
le Bas-Vendomois, à Trôo et à Sougé notamment, les habitants se permirent de la troubler par
quelques coups de fusil, dont les Prussiens ju-
rèrent de tirer vengeance.

Dans le Perche, l'ennemi se comporte de la manière la plus brutale. A Saint-Calais, il pille les
maisons, maltraite les habitants, et exige dix-sept
mille francs de la municipalité. Voici la protestation que le général Chanzy crut devoir adresser,
à cette occasion, au commandant prussien, à Vendôme :

*Au grand quartier général du Mans,
le 26 décembre 1870.*

« J'apprends que des violences inqualifiables ont été
exercées, par des troupes sous vos ordres, sur la population inoffensive de Saint-Calais, malgré ses bons traitements pour vos malades et vos blessés.

« Vos officiers ont exigé de l'argent et autorisé le pillage: c'est un abus de la force qui pèsera sur vos con-
sciences, et que le patriotisme de nos populations saura
supporter. Mais ce que je ne puis admettre, c'est que

vous ajoutiez à cela l'injure, alors que vous savez qu'elle est gratuite.

« Vous avez prétendu que nous étions les vaincus : cela est faux. Nous vous avons battus et tenus en échec depuis le 4 de ce mois. Vous avez osé traiter de lâches des gens qui ne pouvaient vous répondre, prétendant qu'ils subissaient la volonté du Gouvernement de la défense nationale, les obligeant à résister alors qu'ils voulaient la paix et que vous la leur offriez. Je proteste avec le droit que me donnent de vous parler ainsi la résistance de la France entière et celle que l'armée vous oppose et que vous n'avez pu vaincre jusqu'ici.

« Cette communication a pour but d'affirmer de nouveau ce que cette résistance vous a déjà appris. Nous lutterons avec la conscience du droit et la volonté de triompher, quels que soient les sacrifices qu'il nous reste à faire. Nous lutterons à outrance, sans trève ni merci, parce qu'il s'agit aujourd'hui de combattre, non plus des ennemis loyaux, mais des hordes de dévastateurs, qui ne veulent que la ruine et la honte d'une nation qui préfend conserver son honneur, son indépendance et son rang.

« A la générosité avec laquelle nous traitons vos prisonniers, vous répondez par l'insolence, l'incendie et le pillage.

« Je proteste avec indignation, au nom de l'humanité et du droit des gens, que vous foulez aux pieds. »

Le parlementaire chargé de porter cette protestation à Vendôme, ne put voir le commandant des troupes allemandes, et revint au Mans avec ce simple reçu :

« Reçu une lettre du général Chanzy. Un général prussien, ne sachant pas écrire une lettre d'un tel genre, ne saurait y faire une réponse par écrit. »

(Signature illisible.)

De notre observatoire de Lubidé, nous apercevons un mouvement inusité de troupes ; une colonne, entre autres, formée de cavalerie, d'infanterie et de quelques pièces de canon, prend la direction de Montoire; c'est, nous dit-on, pour aller incendier les bourgs de Trôo et de Sougé, dont les habitants, nous l'avons déjà dit, avaient tiré la veille quelques coups de feu.

Dans la plupart des communes qu'elles traversent, ces troupes emmènent des otages ; à Saint-Rimay, des femmes et des enfants sont obligés de les suivre jusqu'à Montoire.

Les réquisitions, qui avaient été moins pressantes depuis quelques jours, recommencent de plus belle. D'Azé, reviennent tout à coup sur Vendôme plusieurs détachements, qui ne laissent rien sur leur passage. A la ferme de Gorgeat, ils enlèvent 80 mesures d'avoine, 2 vaches, 12 mesures de grains, et une grande quantité de volailles et de menues denrées.

A Courtiras, mêmes razzias. Toutefois, cette contrée, tant de fois devastée, n'offrait que peu de ressources. La ferme de l'Oratoire seule pouvait encore répondre aux exigences insatiables de l'ennemi.

MARDI 27 DÉCEMBRE

Autour de Paris, les Allemands se préparent à engager une lutte des plus vives. Le bombardement du plateau d'Avron commence ; nos batteries répondent vigoureusement.

Dès la veille, nous avions entendu gronder le

canon dans la direction de Montoire. Une grande
agitation règne parmi les troupes, qui se dirigent
en toute hâte de ce côté. Nous apprenons par un
officier, depuis quelques jours retenu chez nous
par la maladie, que les Français ont repris l'offensive et sont entrés à Montoire.

Voici les faits exacts : le général de Jouffroy,
prévenu que les Allemands menaçaient de brûler
Sougé et Trôo, résolut de quitter Bessé et Lavenay, et de se porter immédiatement en avant.

Formant trois colonnes des troupes qu'il commandait, il les dirige sur Trôo, Montoire et Les
Roches. C'est à Saint-Quentin que la lutte fut la
plus acharnée : l'artillerie prussienne fit pleuvoir
sur les nôtres une grêle d'obus qui décimèrent
nos rangs. A Montoire, les trois bataillons des
mobiles du Lot poursuivirent l'ennemi avec une vigueur telle, qu'ils l'obligèrent à repasser le Loir
sur le pont, rétabli depuis quelques jours, et le re-
foulèrent à la baïonnette jusqu'à trois kilomètres
au delà de la ville. Aux Roches, une compagnie
prussienne tout entière se laissa surprendre et
fut faite prisonnière.

L'élan était donné ; nos troupes avaient délogé
l'ennemi de ses positions ; le général de Jouffroy
allait bientôt tenter un suprême effort sur Vendôme.

Furieux de l'échec que leur avaient infligé les
troupes du général de Jouffroy, les Prussiens
avaient ramené à Vendôme plus de 200 otages,
pris à Montoire et dans les communes environnantes. Ces malheureux, épuisés de faim, de fatigue, en butte à la brutalité des soldats qui les

escortaient, faisaient peine à voir. En traversant le faubourg Saint-Lubin, profitant d'un encombrement produit par la rencontre de troupes et de convois, un certain nombre réussirent à tromper la surveillance de l'escorte, et, grâce à la connivence des habitants, à s'échapper par les derrières des maisons.

La mortalité devient effrayante à Vendôme, où la variole fait chaque jour de nouveaux progrès. Dans les deux journées des 26 et 27 décembre, 15 décès civils ont été inscrits, et, d'après les constatations faites au cimetière de Vendôme, 48 inhumations, tant civiles que militaires, y ont été faites aux mêmes dates.

Dans la soirée, les avant-postes se replient sur Vendôme. Défense est faite aux habitants de la banlieue de sortir de chez eux passé huit heures du soir.

Des fusils, oubliés dans la prison de Vendôme, sont découverts ; pour ce fait, M. Moisson, maire de la ville, est arrêté et conduit dans cette même prison, où il est gardé à vue. La population, indignée, proteste contre cette arrestation.

Le commandant des troupes allemandes renouvelle ses prescriptions au sujet de l'état de siège. Dès que le signal d'alarme est donné aux troupes, tout habitant doit rentrer chez lui, et les rues doivent être libres. Tout individu qui contreviendrait à cette injonction s'expose à être impitoyablement fusillé.

Les Prussiens sont rentrés à Vendôme ; la banlieue est complètement débarrassée de leur présence. Aussi en profitons-nous pour faire un

nettoyage complet ; c'est que derrière lui, partout
où il séjourne, le soldat allemand laisse le désordre et aussi une odeur âcre, particulière, dont
s'accommode mal l'odorat le moins délicat. Mais
inutile d'insister sur ce sujet, qui n'est rien
moins que répugnant.

MERCREDI 28 DÉCEMBRE

Ordre est donné par le gouverneur de Paris d'évacuer
le plateau d'Avron, position reconnue intenable. —
20,000 Allemands occupent Saint-Quentin.

La neige tombe, le froid redouble. Les esprits
sont préoccupés ; nous avons le pressentiment
que les troupes françaises se rapprochent de nous.

La santé publique est déplorable, et l'on ne
compte plus les cas de variole, de bronchite et de
fièvre typhoïde, qui désolent notre malheureuse
ville.

Dans la matinée, ordre est transmis à la mairie
d'avoir à fournir les hommes, les chevaux et les
voitures nécessaires à l'évacuation sur Orléans
des malades et des blessés. On n'en put fournir
qu'un très petit nombre.

Un nouveau convoi de prisonniers et d'otages
traverse notre ville et excite la pitié générale.

Les troupes allemandes accentuent leur mouvement en avant ; pendant qu'une colonne prend la
direction de Mondoubleau, le 79e hanovrien et une
batterie d'artillerie se rendent à Villiers, font prisonniers les seize premiers habitants qu'ils ren-

contrent, et les obligent à marcher en avant de la colonne, de façon à ce que les balles françaises les atteignent tout d'abord. Voilà un procédé qui n'appartient qu'à un peuple barbare !

Le maire de Villiers reçoit l'ordre de livrer toutes les armes existant dans sa commune ; en outre, il est tenu de fournir sur l'heure 24 sacs d'avoine. C'était demander l'impossible. Le maire cherche à prouver son impuissance; un capitaine de hulans s'empare de lui et le fait cravacher jusqu'au sang. Le colonel du régiment hanovrien s'installe chez sa victime, se fait servir un copieux dîner, puis aussitôt après, en manière de passe-temps, fait lancer quelques bombes sur le plateau de Saint-André et dans le val du Boulon. Les Français, campés bien au delà, ne répondirent pas à cette attaque fantaisiste.

JEUDI 29 DÉCEMBRE

Une accalmie se produit sur tous les points. Toutefois, non loin du plateau d'Avron que nous avons dû évacuer, le fort de Rosny souffre beaucoup du bombardement, que nos officiers et soldats supportent avec un courage héroïque.

Dès le petit jour, des avant-postes s'établissent à Saint-Marc, à la jonction des routes de Mondoubleau et de Montoire, se préparant à la défense plutôt qu'à l'offensive. Toute circulation est rigoureusement interdite. De graves événements se préparent.

Nous apprenons bientôt que les Français occupent Mazangé, Fortan et Lunay ; dans la soirée, nous apercevons, étendus dans l'une des voitures du convoi qui rentre à Vendôme, plusieurs soldats tués ou blessés. Les Allemands reviennent la tète basse, l'air découragé.

C'est que, de tous côtés, ils se sentent harcelés de près. Azé est occupé par un bataillon de mobiles, et aux Clousiaux, commune de Lunay, le 79e hanovrien est obligé de reculer.

A Saint-André, près Villiers, une reconnaissance de cinq hulans essuie les coups de feu des francs-tireurs, embusqués dans le coteau. L'un des hulans tombe mortellement blessé; ses camarades le relèvent, et l'emportent au galop de leurs chevaux, déchargeant leurs revolvers sur toute personne qu'ils rencontrent.

Ces échecs rendent nos hôtes plus intraitables que jamais, et, à la campagne surtout, ils se montrent très violents.

VENDREDI 30 DÉCEMBRE

Le bombardement des forts continue autour de Paris, et fait de nombreuses victimes. — Dans l'Eure, sur la rive gauche de la Seine, le colonel Roy marche résolûment sur Rouen, et oblige les Prussiens à abandonner plusieurs positions importantes.

Les Prussiens sont comme affolés et constamment sur le qui-vive. Ils ne logent même plus chez l'habitant, et n'entrent dans les maisons que pour se livrer au pillage.

Ils se mettent en devoir de créneler tous les

murs qui peuvent les abriter contre une attaque probable de l'armée française. Leur œuvre de destruction est encore visible dans les jardins de l'Islette, non loin du Champ-de-Mars. Au cimetière, ils ne respectent même pas les tombes, et redressent les dalles pour s'en faire des abris. Le mur, du côté du nord, est entièrement crénelé, pendant que de larges tranchées sont pratiquées dans le mur opposé, en face de la gare, afin, en cas de retraite, de gagner la ville plus facilement.

Bien entendu, toute circulation est interdite, et chaque habitant se renferme chez soi. Beaucoup se réfugient dans les caves.

Il est utile de faire connaître ici comment se répartissent les forces françaises qui devaient opérer aux portes de Vendôme.

Le 30 au matin, le colonel Marty occupait Epuisay (1er bataillon du 36e de marche), Danzé (2e bataillon du même régiment, 4 pièces de 4, 2 mitrailleuses), Azé (1er bataillon du 74e mobiles).

Le colonel Thierry était établi à Savigny avec le 33e de marche, le 31e mobiles, les compagnies de discipline, un bataillon des Bouches-du-Rhône et quatre pièces de 4.

Le 3e cuirassiers également à Savigny.

Le colonel Bayle, de Fortan à Azé, avec le 38e de marche, le 66e mobiles et quatre pièces de 4.

Le 46e de marche occupait Mazangé, couronnant par ses grand'gardes les hauteurs de la Boissière et de Vaucroix, au-dessus de Villiers.

Le 45e de marche à Lunay, La Barre et Les Roches.

Le 70ᵉ mobiles à Lunay.

Le 1ᵉʳ bataillon de marche de chasseurs à pied à La Mézière.

L'artillerie de la 3ᵉ division (dix-huit pièces de 4 et deux mitrailleuses) à La Burnaudière.

Deux escadrons de cavalerie légère à Lunay, un régiment à Lavenay, les éclaireurs algériens à Montoire.

Une compagnie du génie, répartie entre les colonnes principales.

D'après le plan du général de Jouffroy, deux colonnes principales devaient marcher, l'une par Azé et Espéreuse, l'autre par Courtiras, tandis qu'une colonne légère, franchissant le Loir à Lisle, devait déboucher sur la rive gauche par le bois de Meslay, et que les éclaireurs algériens, passant la rivière à Montoire ou à Lavardin, tourneraient Vendôme, pour couper les routes de Blois et d'Oucques.

Rappelons maintenant les faits qui ont signalé cette journée du 30 décembre.

Vers deux heures, un officier de hulans, suivi de quelques cavaliers et fantassins, se présente à la mairie de Villiers, et exige qu'on lui livre les francs-tireurs qui ont tué, la veille, l'un de ses hommes. Le maire s'y refuse, est arrêté, mais bientôt relâché, car les Français, contournant le bourg, tombent à l'improviste sur les avant-postes prussiens, qui sont obligés de reculer. Un bataillon du 46ᵉ de marche, débouchant par le château de la Vallée, occupe Villiers, et jusqu'à la nuit la lutte est des plus vives. En fin de compte, l'ennemi se replie sur Mont-rieux, et prend position sur les hauteurs de Lubidé, de Courtiras et de La Garde.

SAMEDI 31 DÉCEMBRE

En Normandie, Château-Robert, que nous occupions depuis la veille, est surpris par les Prussiens, mais aussitôt repris par les mobiles de l'Eure et de l'Ardèche, dont l'attitude est très énergique.

Au point du jour, les Prussiens se mettent en mouvement et toute leur artillerie quitte Vendôme. Une vive fusillade s'engage sur toutes les hauteurs qui nous environnent. Les Allemands avancent leurs canons de façon à défendre les rives du Loir; deux pièces, postées sur le haut de Prépatour, commencent à 9 heures leur feu sur Villiers, et y démolissent quelques maisons.

Du côté d'Azé la canonnade se fait aussi entendre, et l'on peut dire que le combat s'engage sur toute la ligne. Une grêle de balles tombe sur Montrieux, Lubidé, la Papeterie et Courtiras. La route est sillonnée de voitures ramenant à Vendôme les victimes de cette lutte acharnée; les voitures venant à manquer, nous voyons passer des charrettes à bras sur lesquelles gisent tout ensanglantés des soldats sur le point d'expirer.

Vers une heure, les Prussiens sont forcés de battre en retraite, et perdent seize des leurs entre Villiers et Mont-rieux; 22 Prussiens sont faits prisonniers, et 6 Français restent sur le terrain. Au pont de Naveil, un officier allemand se dispose à traverser le Loir avec les hommes qu'il commande ; mais le pont est rompu ; affolé, il se heurte à une reconnaissance française, que conduit un caporal. Il se rend en offrant son épée ; mais le caporal la refuse et la jette au vent ; c'est un vigneron du village qui la recueille.

A une heure, une des colonnes du général de Jouffroy occupe la crête du coteau de Bel-Air ; des greniers de Vendôme, on aperçoit, alertes et toujours en mouvement, nos chers petits fantassins, dont le retour nous rend l'espoir. Ils disputent pied à pied le terrain à l'ennemi, et réussissent à s'emparer du château de Bel-Air.

Combats de Bel-Air & de la Tuilerie

A trois heures, les Prussiens, poursuivis de près par le 66e mobiles, sont rejetés sur la pente du coteau de La Tuilerie, et le 36e de marche, avec un élan irrésistible, arrive jusqu'aux premières maisons des faubourgs de Vendôme ; mais la batterie établie sur le plateau de la montagne, et qui balaye toute la plaine, les oblige de se retirer.

En même temps, le 46e de marche enlevait la position de la Tuilerie, fortement défendue, poussait jusqu'à Courtiras, et, la baïonnette au canon, refoulait l'ennemi jusqu'à la gare.

Le général de Jouffroy, pendant que son escorte de chasseurs d'Afrique tient bon sur l'autre rive du Loir, à Varennes, est à Huchepie, d'où il surveille tous ces mouvements. La nuit venue, il ordonne de cesser le feu, et de se maintenir sur les positions conquises au prix de tant d'efforts.

L'ennemi, redoutant une nouvelle attaque dans la nuit, continue ses feux d'artillerie, de façon à balayer toutes les routes aux abords de la ville.

On peut évaluer à vingt mille hommes les forces que l'ennemi opposa à nos troupes, dans cette mémorable journée du 31 décembre.

Dans la soirée, plusieurs habitants de Courtiras se rendirent en députation à Huchepie, pour exprimer au général de Jouffroy leur reconnaissance de les avoir délivrés des Allemands. Leur tendant la main, le général leur répondit : « C'est aujourd'hui le dernier jour de l'année : demain 1ᵉʳ janvier, j'aurai l'honneur d'offrir en étrennes à la France la ville de Vendôme. » Hélas ! ce patriotique désir ne devait pas se réaliser !

A Villiers

Nous devons rappeler ici les faits qui s'étaient passés le même jour à Villiers.

Dès le matin, une colonne allemande avait vivement attaqué nos grand'gardes, sur les hauteurs de la Boissière. Bientôt l'action s'engage ; pendant qu'une batterie ennemie, installée sur le coteau de Prépatour bombarde Villiers, pour en chasser les nôtres. Les dégâts matériels furent de peu d'importance.

Il était 9 heures, quand une fusilllade bien nourrie se fait entendre sur les hauteurs de Montrieux : c'est le 45ᵉ de marche qui tombe sur les Prussiens,

les culbute, et leur inflige des pertes relativement
considérables. 29 prisonniers restent entre nos
mains ; mais 30 de nos soldats sont à terre, tués
ou blessés.

En même temps, du côté d'Azé, sur les rives du
Boulon, le 46ᵉ de ligne et les mobiles du Lot re-
poussaient vigoureusement l'ennemi.

Ces divers combats ne durèrent pas moins de
quatre heures.

Une ambulance avait été établie à la hâte dans
la mairie de Villiers ; 24 blessés français et prussiens y reçurent des soins empressés.

A 3 heures, 27 prisonniers allemands furent
amenés à la mairie, sur l'ordre du général de Jouffroy, et confiés à la surveillance du maire. Parmi
ces prisonniers, se trouvait, par un sort bizarre,
ce même officier, qui, le 20 décembre, avait usé
de violence pour forcer le maire de Villiers à réquisitionner en sa présence 17 vaches. Le maire
aurait pu tirer vengeance de cette humiliation ;
l'officier n'eut au contraire, qu'à reconnaître les
bons soins dont il fut l'objet.

Combat de Danzé

Le colonel Thierry devait, d'après les instructions qu'il avait reçues du général de Jouffroy,
s'avancer, par Danzé et Busloup, jusqu'à la
grande route de Paris, occuper la rive droite
du Loir, et rejoindre les troupes des colonels
Marty et Bayle. Malheureusement il n'en fut pas
ainsi. La colonne, partie d'Epuisay à une heure
trop tardive, et retardée encore dans sa marche

par le mauvais état des chemins, fut attaquée vigoureusement, à Danzé, par la 39ᵉ brigade du 10ᵉ corps allemand et plusieurs escadrons de cuirassiers et de hulans. Malgré une vive résistance, le colonel Thierry dut bientôt abandonner ce village, après avoir perdu trois de ses pièces. Ce n'est que dans la soirée qu'il put rejoindre les troupes établies à Bel-Air. Le combat de Danzé faisait perdre en partie les précieux avantages remportés par nos troupes sur tous les autres points.

Ce n'est qu'à minuit que le général de Jouffroy apprit l'échec de Danzé. Redoutant un mouvement offensif de l'ennemi sur notre gauche, et ne voulant rien compromettre, il donna l'ordre de se replier, et les troupes revinrent occuper leurs positions de la veille.

A Varennes

Il nous reste à rappeler la diversion que les éclaireurs algériens, sous les ordres du colonel Goursaud, opéraient, ce même jour, sur la rive gauche du Loir. Après avoir établi un pont provisoire à Lavardin, cette colonne parvenait, dès le matin, à Villavard, Saint - Rimay, Villiersfaux, Varennes et Villariat. Bientôt elle rencontrait un escadron de cuirassiers blancs, qui s'enfuit, laissant 3 tués, 1 blessé et 3 chevaux.

Nos cavaliers arabes, montés sur leurs petits chevaux agiles, poursuivent leur marche ; un dragon prussien, qu'ils rencontrent et font prisonnier, leur assure que la route est libre. Les voilà partis avec leur fougue habituelle, comptant bien arriver à Vendôme; mais une batterie ennemie, postée sur les hauteurs de la Chaise, se démasque et jette le désordre dans leurs rangs. En même temps, des troupes d'infanterie et de cavalerie tentent de les tourner vers leur droite. Le colonel Goursaud, jugeant la position intenable, ordonne la retraite, et ses hardis kabyles durent, en toute hâte, regagner Montoire, non sans avoir, par une charge en fourrageurs, infligé à l'ennemi des pertes sérieuses.

Furieux d'avoir été trompés par la déclaration fausse de leur prisonnier, nos spahis exercèrent sur lui une cruelle vengeance, que tout homme de cœur ne peut que réprouver: ils lui crevèrent les yeux, ainsi qu'il résulte des trois rapports allemands qui ont été publiés sur ce fait regrettable.

—

Avant de commencer le récit des journées qui vont suivre, qu'il nous soit permis, au seuil de la nouvelle année, d'émettre quelques réflexions personnelles.

Nous dirons d'abord l'immense soulagement que nous avons éprouvé, en voyant s'éloigner de nous cet implacable ennemi, qui nous a causé tant de mal. Depuis deux jours, le Bas-Vendomois forme frontière à la France.

Nous pouvons donc aujourd'hui circuler librement, revoir les amis du voisinage, constater avec eux les pertes subies, le désordre que laissent partout les soldats allemands, et aussi nous consoler ensemble d'avoir traversé la tourmente sans su-

bir de plus grands dommages. Tout heureux de
se retrouver, on oublie les querelles qui ont pu
nous diviser autrefois, et on n'a qu'un désir, celui d'assister les voisins plus éprouvés qu'on ne
l'est soi-même.

Partout les Allemands ont laissé des traces,
parfois honteuses, de leur passage ; c'est, dans
chaque maison, un désarroi dont il est difficile de se faire idée. Dans les maisons isolées,
ou que leurs propriétaires ont abandonnées, le
pillage est complet.

Pour notre part, dans un petit pavillon à mi-côte,
à 100 mètres environ de notre habitation, et qui
renfermait nos livres, des médailles et autres objets, tout avait été fouillé et laissé dans le plus piteux état ; des meubles étaient brisés, les volumes
déchirés ; des atlas avaient été arrachés les car-
tes intéressant plus particulièrement les pillards ;
et, détail étrange et qui dénote un singulier esprit,
nous pouvions lire sur les feuillets épargnés les
nom et adresse du voleur, soigneusement calligra-
phiés. Des instruments d'optique, baromètre,
lunettes, microscope, etc., tout avait été démonté,
et les morceaux gisaient sur le plancher.

Nous ferons le silence sur bien d'autres vile-
nies qu'ont à se reprocher ces hommes sans
cœur et sans pudeur.

Nous voici arrivés au terme de cette fatale année,
qui nous a causé tant de souffrances physiques et
morales. Au début de cette funeste campagne,
nous étions, il nous semblait, sûrs du triomphe.
Hélas, quels coups devait subir notre orgueil na-

tional, et comme nos illusions devaient vite faire place à de cruelles déceptions ! Qui aurait pu prévoir les désastres, les ruines que nous amènerait cette guerre, si follement entreprise, conduite sans plans bien arrêtés, continuée sans espoir de succès ? Dans cette année 1870, tout avait conspiré contre nous, et notre malheureux pays, naguère si respecté, si prospère, si confiant dans ses armes, si fier de ses récentes victoires, devait succomber sous le nombre et être abreuvé d'humiliations ! L'histoire ne nous fournit pas d'exemple d'un pareil désastre.

Ce qui ajoutait encore à notre découragement, c'était de voir nos fournils, nos granges, nos greniers, complètement dévalisés, sans compter que nos récoltes en terre pouvaient être gravement compromises par les froids excessifs que nous subissions.

Et ces deuils multipliés dans presque toutes les familles, n'étaient-ils pas là pour ôter aux plus confiants tout espoir !

Maudite soit cette année 1870 ! Mais puisse-t-elle nous servir d'enseignement !

L'armée de Bourbaki ne donne plus signe de vie. —
Le général Chanzy reforme, avec la plus grande ac-
tivité, son armée au Mans. — Le prince Frédéric-
Charles observe attentivement les mouvements de la
colonne de Jouffroy, avant de poursuivre sa marche
au delà du Loir.

Les avantages remportés par le général de
Jouffroy, dont la pointe hardie sur Vendôme nous
avait rendu l'espoir, étaient annihilés par l'échec de
Danzé, et nos troupes reçurent, une fois de plus,
l'ordre de battre en retraite. La mauvaise fortune
s'acharne décidément sur nos armes : le moindre
succès est aussitôt suivi d'un mouvement en arrière. Nous étions hier confiants dans l'avenir:
nous voici maintenant complètement découragés.

A peine le jour commence-t-il à paraître, que
deux batteries prussiennes, établies sur le coteau
de la Montagne, envoient leurs obus sur les villages de la Garde, la Tuilerie, Courtiras et Lubidé,
sans oublier les hauteurs de Bel-Air. Leur feu ne
cesse que vers dix heures. Etranges étrennes
que nous recevons là ! Toutefois, nous devons le
reconnaître, c'est moins les habitations qui sont
l'objectif de l'ennemi que les endroits couverts de
broussailles, qui cachent encore quelques-uns de
nos soldats.

Le château de Huchepie, qui avait donné asile
au général de Jouffroy, est plus particulièrement

visé. Une première bombe entre par une des fenêtres, et brise tout, glaces, tapisseries et lambris. Ce mobilier était justement alors l'objet d'un litige entre le nouvel acquéreur de cette propriété et son vendeur; le procès se trouvait ainsi tout jugé. Une seconde bombe détruisit les communs, et une troisième mit le feu à la toiture.

Quelques soldats d'avant-poste furent atteints par ces projectiles; quant aux habitants, par un hasard providentiel, ils n'en éprouvèrent aucun mal.

Autour de nous, quelques escarmouches ont lieu à Villiers, à Rochambeau, à Varennes. Dans la cour du moulin de Varennes, un officier allemand reçoit une balle en pleine poitrine, et tombe foudroyé. Ce fait devait attirer sur le pays de dures représailles. Furieux de la mort de leur capitaine, les Prussiens s'emparèrent des notables habitants du village, et les emmenèrent en otage.

A Villiersfaux, un spahi, qui s'était avancé en éclaireur jusqu'aux avant-postes allemands, fut tout à coup assailli par plusieurs cavaliers, qui le sommèrent de se rendre. Pour réponse, l'arabe déchargea son revolver. Aussitôt désarçonné et désarmé, le malheureux paya cher sa courageuse résistance : les barbares lui coupèrent les deux poignets. Quelques minutes plus tard, il expirait en poussant des cris atroces. Cet acte de sauvagerie a été attesté par trois témoins, MM. Aubry, Lecomte et Maréchal, habitants de Villiersfaux.

A Mont-rieux, pour se venger des habitants,

qu'ils accusent d'avoir tiré, avec des fusils de chasse, sur quelques hulans en observation sur l'autre rive du Loir, les Prussiens emmènent en otage douze habitants, et les menacent de mort.

Ce système des otages leur est, du reste, très familier, à ces hommes sans vergogne et sans pitié ; c'est ainsi qu'à Courtiras, ils emmènent plusieurs habitants, parce qu'ils ont trouvé dans une maison des vêtements et des armes qu'y a laissés l'un des leurs, ou parce qu'ils ne retrouvent pas un soldat blessé dans l'habitation où il avait été déposé longtemps auparavant.

Ainsi que la plupart des villes envahies, Vendôme eut moins à souffrir que nos campagnes ; l'administration allemande y réprimait sévèrement tout écart à la discipline.

Le froid est vif, et tous ces malheureux malades ou blessés, transis dans les voitures qui les conduisent aux ambulances de Vendôme, font pitié ; beaucoup, saisis par cette température glaciale, succombent en route.

La mortalité augmente de plus en plus ; à Vendôme, les décès civils se sont élevés au moins à vingt ce jour-là. Le chiffre exact est difficile à établir, car les déclarations étaient très irrégulièrement faites à la mairie. Le matin, trois cercueils avaient été déposés sur le parvis de l'église de la Trinité, sans aucune indication. C'était toutefois indiquer les intentions des familles. Le digne curé n'hésite pas : il réussit à trouver, non sans peine, une voiture et un cheval, et, les prières dites à l'église, il accompagne jusqu'au cimetière le funèbre convoi, malgré les balles qui sifflent autour de lui.

Il serait trop long de rappeler tous les méfaits dont se rendit coupable l'ennemi en cette journée. Plus exigeants que jamais, ces soudards se faisaient livrer de vive force tout le pain que nous avions cuit la veille, dans l'espoir de le donner à nos pauvres soldats. Leur refrain était : « Donnez pain cuit pour Français, ou *capout*. »

Pour ne citer qu'un fait : à la Garde, un habitant du village vient chercher de l'eau au puits ; il y rencontre deux Prussiens, qui sans provocation le renversent ; à ses cris accourent sa femme et ses enfants. Les soldats, se voyant surpris, se contentent de lui enlever ses chaussures, et le laissent pieds nus..

Dans la soirée, nous entendons le canon du côté de Longpré. Quelles nouvelles nous apportera le lendemain ?

LUNDI 2 JANVIER

Capitulation de Mézières. Les Allemands font 2,000 prisonniers et s'emparent de 106 canons. — Dans le Nord, combat de Bapaume. Nos troupes se retirent sur Arras, après avoir subi de grandes pertes. — — Telle est l'intensité du froid, que 600 Prussiens de cette armée du Nord tombent malades le même jour, et sont immédiatement dirigés sur l'Allemagne.

Le froid redouble ; le Loir est congelé, et nous voyons un avant-poste s'établir sur la glace et se chauffer avec des charniers arrachés dans les vignes situées sur l'autre rive.

Le matin, nous assistons au pénible défilé des nombreux otages que les Prussiens ont faits dans les communes qui nous avoisinent.

Entre Mont-rieux et Naveil, une vive fusillade ne cesse de se faire entendre.

Les éclaireurs algériens cantonnés à Montoire poussent une pointe jusqu'à Saint-Rimay ; tout se borne à un combat d'avant-poste. A Lancé, ils surprennent un détachement de cuirassiers en train de rançonner le pays, et les forcent à abandonner les douze voitures déjà réquisitionnées, pleines de pain, de fourrages et d'avoine. Plusieurs de ces cavaliers restent entre nos mains ; les autres n'ont que le temps de s'enfuir. De notre coteau, nous entendons très distinctement les coups de feu échangés à Lancé.

D'un autre côté, nos reconnaissances s'avancent jusqu'à Busloup et Fréteval.

Ordre nous est intimé de ne pas quitter nos demeures. Les soldats sont plus intraitables que jamais, bien qu'ils ne logent pas chez l'habitant. Les choses essentielles à la vie vont bientôt nous manquer. C'est surtout dans les maisons connues pour avoir abrité les nôtres, dans la nuit du 31 décembre au 1er janvier, qu'ils exercent leurs ravages et leurs représailles.

A la Garde, ils trouvent fort ingénieux de former un cortège, et de traverser le village en portant en triomphe le produit de leurs vols, l'un du pain, l'autre des poules, un troisième des andouilles ou d'autres victuailles. Celui qui ferme la marche frappe en cadence sur le timbre d'une horloge, qu'il est tout fier d'avoir hissé au bout d'un bâton. Il faut convenir que cette façon d'humilier des habitants à bout de ressources est aussi sotte que barbare.

MARDI 3 JANVIER

L'armée de l'Est, dont l'organisation est défectueuse, se dispose à faire un mouvement sur Vesoul.— Dans le Nord, les troupes du général Gœben sont repoussées par le général Faidherbe, qui, après avoir résisté victorieusement sur tous les points, donne, contre toute prévision, l'ordre de se retirer dans la direction d'Arras.

Le bourg de Lancé reçoit de nouveau la visite des Allemands, qui se vengent de l'attaque de la veille, en emmenant prisonniers cinq notables habitants de la commune. Le plus âgé d'entre eux, l'honorable M. Renou-Ménier, depuis trente-cinq ans maire de Lancé, fut conduit, malgré ses cheveux blancs, à Erfurth, en Saxe; il ne devait recouvrer la liberté que le 14 mars.

A Varennes, quatre habitants sont de même emmenés comme otages, sans motif plausible.

Commune de Thoré, au lieu dit l'Aubert, un malheureux cultivateur, Jaunet-Boitel, âgé de 46 ans, fut frappé de la façon la plus brutale de deux coups de sabre, au moment où il rentrait à son domicile, à 3 heures du soir. Quelques heures après il expirait.

Combien d'autres faits non moins barbares, indignes de gens civilisés, nous pourrions rappeler !
Ils croyaient peut-être, nos farouches ennemis,
nous amener, par toutes leurs exactions, à réclamer la paix, qu'ils désiraient tant eux-mêmes.

MERCREDI 4 JANVIER

*Ordre est transmis au général Garibaldi de marcher
sur Dijon. — Le froid redouble, et dans l'est de la
France atteint 18°. — A l'armée du Nord, la division Roy éprouve des pertes sérieuses.*

De 9 heures à 10 heures, les hauteurs de Courtiras, Lubidé, Mont-rieux, Villiers, sont le théâtre de combats d'avant-postes. Défense est re-
nouvelée aux habitants de sortir de chez eux.
C'est sur nos toits une véritable pluie de balles.
Les Français gagnent du terrain ; le 70e mobiles,
avec une vigueur peu commune, tient tête au 30e
d'infanterie prussienne, et lui enlève la position
du Haut-de-Mont-rieux. Il nous est difficile de
préciser le nombre des hommes tués ou blessés du
fait de ce combat.

Par suite de notre situation à mi-côte, nous
constatons, bien qu'il nous soit impossible de
sortir, un grand mouvement de troupes allemandes ; nous sommes certainement à la veille d'opérations importantes.

Le service de la poste allemande est complètement
arrêté. Aucun soldat ne peut provisoirement correspondre avec sa famille ; l'état-major prussien veut

ainsi éviter que rien ne transpire des mouvements qu'il prépare.

JEUDI 5 JANVIER

D'après les instructions du comte de Moltke, le prince Frédéric-Charles prescrit à ses troupes de prendre immédiatement l'offensive contre l'armée de Chanzy. Le 5 janvier, le 10ᵉ corps d'armée doit atteindre la ligne Vendôme-Saint-Amand, et la division de cavalerie que commande le duc Guillaume de Mecklembourg doit rallier ce corps. Le 3ᵉ corps d'armée occupera Vendôme le lendemain 6 janvier.

Le Loir est presque entièrement gelé, et l'on peut aisément le traverser. Voilà ce que l'on ne prévoyait guère au moment de la rupture des ponts.

Le quartier-général du général de Jouffroy est établi ce jour-là à la Montellière, commune de Lunay.

Dès 5 heures du matin le général Thierry quitte Azé, et se dirige, par la forêt de Vendôme, sur les positions de Bel-Air, en refoulant l'ennemi, réfugié dans les bois. Les hauteurs de Courtiras et de Mont-rieux sont fortement occupées par nos troupes.

La nuit précédente, des mobiles du Lot sont tombés à l'improviste sur un avant-poste prussien, et l'ont fait prisonnier. Cet exploit a rendu nos ennemis de fort méchante humeur, et ils jurent d'en tirer vengeance. Si les Français tentent d'entrer dans le village, tout sera mis à feu et à sac.

Malgré la défense qui leur en a été faite, beaucoup d'habitants quittent leur demeure, pour se réfugier dans les caves, et aussi pour éviter d'être requis par l'ennemi, qui élève en toute hâte une ligne de barricades depuis Bel-Air jusqu'à Mont-rieux, en passant par Huchepie. Pour ces barricades, tout lui est bon. Tous les meubles possibles, des fagots, des futailles, voire même du fumier, tout cela est entassé pêle-mêle par les malheureux habitants, qui sont malmenés, en dépit du froid et des fatigues qu'ils endurent.

Au cimetière de Vendôme, les brèches précédemment faites du côté de la gare sont élargies, et tous les murs sont crénelés.

Nous savons que l'armée du prince Charles se concentre à Vendôme, et nous devons nous attendre à de graves événements.

Malgré nos pressentiments, tout se borne aujourd'hui à quelques fusillades, échangées entre les grand'gardes ou les avant-postes. Des deux côtés on se prépare fiévreusement à la lutte, qui est imminente.

La cour martiale française siégeant à Lunay acquitte deux habitants du voisinage, accusés d'espionnage et de haute trahison.

VENDREDI 6 JANVIER

La place de Rocroy capitule, dès la première sommation des Allemands. Nous leur abandonnons 72 pièces,

un drapeau, 300 prisonniers et une grande quantité
de poudre et de matériel de guerre.

Dès le matin, les balles commencent à siffler.
Nous montons jusqu'à Beauvoir, point d'où l'on
découvre un vaste horizon.

L'air est vif, le thermomètre accuse 10 degrés
de froid. Dans la journée, le temps se radoucit
d'une manière sensible.

De notre observatoire, nous voyons distinctement déboucher de Vendôme plus de dix mille
hommes, qui se divisent en plusieurs colonnes,
s'avançant en bon ordre sur divers points des
deux coteaux du Loir. Du haut de la Montagne, le
prince Charles surveille tous ces mouvements, et
envoie à chaque instant de nouveaux ordres.

C'est sur le territoire de la commune de Villiers que commence le combat. A huit heures et
demie, une colonne prussienne débouche en face
le Coudray; à leur rencontre s'élancent les mobiles du Lot ; au nombre de 54, sous la conduite
du sergent Maillard, ils opposent, au village du
Briard, une vive résistance à l'ennemi. Bientôt,
cédant au nombre, ils sont obligés de se retrancher dans une grange, où, pendant une heure, ils
tiennent en échec plusieurs centaines d'hommes.
Ils doivent enfin se replier, non sans avoir infligé
à la colonne allemande des pertes sérieuses.

Sur un autre point nous étions moins heureux.
Une compagnie de mobiles du Gers s'était laissé
surprendre par un détachement de hulans, qui se
disposaient à revenir en arrière avec leurs prisonniers, quand 30 hommes du 2ᵉ bataillon de

marine, tombant à l'improviste sur la petite troupe, dégagent nos mobiles, et à leur tour les hulans sont faits prisonniers ; huit d'entre eux sont conduits au quartier général, établi à Mazangé.

Ce fait d'armes, qui ne nous avait rien coûté, ne devait pas empêcher les mobiles du Gers d'être pris d'une panique inexplicable, et de se sauver dans toutes les directions. Seul, dans la grange où nous l'avons vu plus haut se retrancher, le sergent Maillard, aidé de Saillard, le propriétaire de la grange, qui perçait des meurtrières, fit face à l'ennemi ; sa provision de 84 cartouches épuisée, il parvint à se dégager et, par un chemin couvert, put rejoindre nos troupes, malgré les projectiles qui le menaçaient de toutes parts.

Revenons à Beauvoir, notre poste d'observation. Il est neuf heures et demie. Une colonne allemande, débouchant sur les hauteurs de la Boissière, oblige les Français à se retirer sur le coteau qui domine le Boulon. Des deux côtés, la poudre n'est pas épargnée.

A dix heures, un régiment de cuirassiers quitte Courtiras, où il était en réserve, et vient occuper le plateau de la Briochetterie, sur la rive de la forêt, pour soutenir la batterie qui est en position à la Mérillière. En même temps, une colonne de dix mille hommes environ sort de Vendôme et se divise à Saint-Mars ; deux régiments se dirigent sur Azé, les autres sur Villiers. Une autre division apparaît bientôt ; elle débouche de Saint-Ouen, traverse Courtiras, et gravit également la route d'Azé.

12

A midi, l'artillerie allemande ouvre le feu, pendant qu'une autre colonne de cavalerie s'avance de Varennes sur Villiers, par la Procureuserie, faisant de grands efforts pour éviter les obus d'une batterie française qui la bat en écharpe.

Nos tirailleurs tiennent bon, et ce n'est que vers trois heures qu'ils durent se replier.

Combat du Gué-du-Loir

Les deux régiments de cavalerie qui s'étaient concentrés près du cimetière de Villiers sont bientôt forcés d'abandonner la place ; nos obus jettent le désordre dans leurs rangs. A bride abattue ils traversent Villiers, et, par le Coudray, prennent position sur les hauteurs de Champrond.

Au même moment, une batterie prussienne s'avance au galop au delà de Villiers, et tente de s'établir à Saint-André ; mais nos canons ripostent vigoureusement, et la démontent en partie.

A deux heures et demie, une division d'infanterie tout entière, quittant Varennes, s'étend dans la plaine de Villiers, qu'elle compte occuper ; nos artilleurs l'en chassent aussitôt ; en toute hâte, les Allemands gagnent le val du Coudray, où ils sont mieux abrités. Alors commence un tapage formidable ; à une fusillade des mieux nourries se joignent le crépitement des mitrailleuses, les détonations des obus. Le ciel était comme en feu ; le sol tremblait sous les coups répétés du canon. Sans les horreurs qu'entraîne la guerre après elle, c'eût été un spectacle vraiment gran-

diose. A cinq heures 20 seulement, le vacarme ces-
sait, non sans que le terrain n'ait été chaudement
disputé de part et d'autre.

Dans cette journée, l'artillerie française, sous
les ordres du colonel Delgarde, s'était admirable-
ment comportée. Placées sur les hauteurs des
Bordes et de la Hacherie, point d'angle qui éclaire
la vallée du Loir et le val du Boulon, la 20e batterie du 8e d'artillerie et une section de la 20e du
12e résistèrent vaillamment, et de la façon la plus
opiniâtre, aux efforts de l'ennemi. Ce n'est que
vers quatre heures qu'elles durent céder devant
le nombre.

Le prince Frédéric-Charles, qui commandait
en personne, voyant avec quelle énergie nous te-
nions tête à ses troupes, malgré leur nombre,
donne l'ordre de tenter un suprême effort; il
fait entrer en ligne une brigade et sa réserve d'artillerie. Sous son active direction, le combat redouble d'intensité ; les munitions font bientôt défaut à nos canons, à nos mitrailleuses, et l'ennemi
parvient enfin à réoccuper le plateau de Villiers,
Briard et le Plessis.

En résumé, ce combat du Gué-du-Loir fut l'une
des opérations les mieux conduites, tant de notre
côté que du côté de l'ennemi, et l'une des plus in-
téressantes de la guerre franco-allemande.

A Azé

Nous venons de rappeler les diverses circonstances du combat acharné qui s'était livré à Villiers et sur le coteau de Saint-André jusqu'au

Gué-du-Loir ; voyons maintenant ce qui s'était passé du côté d'Azé.

Azé était pour ainsi dire le point central de l'action. Le bourg était occupé par la brigade du colonel Thierry, colonne mixte composée de fractions de régiments et d'une demi-batterie ; le 74ᵉ de ligne était cantonné à Espéreuse, le 65ᵉ sur la lisière de la forêt de Vendôme, et 200 hommes, postés sur les hauteurs de Galette, défendaient la route d'Epuisay à Azé. Deux compagnies de discipline, soit 300 hommes, et un corps de cavalerie, échelonné sur la rive nord de la forêt, et occupant la route d'Azé à La Ville-aux-Clercs, appuyaient ces troupes.

Dès six heures du matin, ordre avait été donné aux soldats de se bien lester, car la journée serait chaude. A peine avaient-ils achevé leur déjeuner, que retentissent les premiers coups de feu. La fusillade se rapproche, et nous évacuons Gorgeat, où les Allemands établissent aussitôt une ambulance. C'est un blessé français qui le premier y reçoit des soins ; une demi-heure plus tard l'ambulance était pleine.

La lutte fut des plus acharnées. La vallée du Boulon fut disputée pied à pied, et la même position fut prise, perdue et reprise successivement, par les deux armées. Jusqu'à deux heures, les nôtres défendirent énergiquement le Plessis, la Briochetterie, la Mérillière et toute la lisière de la forêt. Mais une vive attaque de l'artillerie allemande oblige nos batteries à se déplacer plusieurs fois, et nous fait perdre du terrain. Malgré tout, nous opposons à l'ennemi la plus vive résistance, et le combat se continue encore quand déjà la nuit est venue.

Dans la journée, le prince Frédéric - Charles avait visité l'ambulance de Gorgeat, accompagné d'un nombreux état-major, et avait fait augmenter le personnel, qu'il trouvait insuffisant. Les chevaux et les voitures de la ferme devaient être, d'après ses ordres, expressément réservés pour le service de l'ambulance.

Dans les deux camps, les pertes furent sérieuses; c'est que sur ce point près de vingt mille hommes avaient été aux prises.

Voici comment s'exprime le Bulletin officiel allemand, en rendant compte de ce combat d'Azé :

« La 6ᵉ division, désignée pour opérer contre l'armée du général Chanzy, se heurta, en marchant à sa rencontre, à deux corps d'armée, dans les environs d'Azé. Après un violent combat, l'ennemi fut rejeté au delà d'Azé, et cette position fut enlevée par nos troupes. Nos pertes ont été sérieuses. »

Il serait plus exact de dire que la nuit mit fin au combat, et que les nôtres, s'ils n'avaient pu gagner du terrain, avaient du moins conservé leurs positions de la veille, non sans avoir fait d'héroïques efforts. Nos pertes étaient importantes, mais moindres cependant que celles de l'ennemi.

Nous ne devions pas, hélas! tirer parti de cette demi-victoire. Comme toujours dans cette malheureuse campagne, l'ordre de battre en retraite fut donné, et dans la nuit nos soldats durent abandonner ces positions qu'ils avaient défendues si

énergiquement. C'était, après leurs efforts soutenus de la veille, les décourager pour toujours.

Au village de la Garde

L'objectif principal des Allemands était de débusquer les régiments fortement établis en avant
d'Azé sur les rives de la forêt. Aussi, dès le matin, de forts détachements ennemis occupaient-ils
les hauteurs de la Tuilerie et de la Garde, ainsi
que le vallon où est établi le champ de tir. Jusqu'à midi, de nouveaux renforts arrivèrent sur ce
point. Les nôtres, disséminés dans la forêt, tirè-
rent sans relâche sur l'ennemi, en lui infligeant
des pertes considérables. Les balles françaises
tombent comme grêle sur nos villages, et malheur
à celui qui veut quitter son logis. Ce vrai combat
de guérillas ne cessa guère que vers quatre heures. A tout prix, l'ordre qu'ils avaient reçu était
formel, les Prussiens devaient parvenir à occuper la partie de la forêt dite le bois des Glands.
Mais, circonstance qu'ils n'avaient pas prévue,
ce bois était alors en coupe réglée, et sous les
balles de nos tirailleurs, qui étaient abrités par
des sapins, ils ne purent s'y maintenir longtemps,
malgré les barricades qu'ils avaient élevées avec
les fagots de la coupe.

Si l'ennemi fit de grandes pertes dans cette attaque, deux de nos compagnies, dont une de
francs-tireurs, furent cruellement éprouvées.

Dans le fort de l'action, une ambulance avait été
installée à la ferme des Grandes-Cours ; mais, la
nuit suivante, elle fut évacuée. Un seul homme y

mourut ; c'était un officier du régiment de Brandebourg, régiment qui avait été particulièrement décimé. Comme toujours, l'ennemi emmena au loin tous ses morts, car sa tactique est de laisser ignorer l'importance de ses pertes. Un de leurs chevaux, dont le cavalier avait été désarçonné, s'était réfugié dans une écurie du village restée ouverte.

La Garde, dont le territoire leur avait été si funeste, fut, à dater de ce jour, à l'abri des incursions des Allemands ; aucun d'eux n'y remit les pieds.

Dans l'espace réservé au tir de la garnison, tombèrent 80 Allemands et 64 Français : c'est dire l'acharnement de la lutte.

La nuit ne mit pas fin au combat ; pendant une heure encore, une vive fusillade fut échangée. A cinq heures et demie, le feu s'apaisa, et les nôtres reçurent l'ordre de battre en retraite.

Combat de Villethiou

Dès neuf heures du matin, le colonel Jobey se portait sur Villethiou, en même temps que l'action s'engageait sur la ligne de Villechauve à Villeporcher.

Les troupes du général de Curten et du colonel Jobey se comportèrent vaillamment dans cette journée, et opposèrent une vigoureuse résistance à l'ennemi, qui, malgré ses efforts multipliés, ne put entamer nos positions. C'est à Villethiou que les Allemands concentrèrent surtout leur attaque.

Mais, bientôt débordés, ils durent battre en retraite, nous laissant le champ de bataille.

Grâce à ce brillant combat, nos troupes occu-
pèrent Saint-Amand, et l'ennemi disparut pendant quelques jours de ces parages.

Combat des Roches

Les Roches furent le centre d'un important
combat. Le 45e de marche, appuyé de chasseurs
à pied et d'une batterie d'artillerie, en défendait
l'accès. Les Allemands disposaient de vingt pièces de canon, établies à Lavardin et à Villavard.
L'ennemi devenant à chaque instant plus nombreux, nous dûmes, après trois heures de lutte
opiniâtre, quitter Les Roches et nous retirer sur
la ligne de la Braye.

Parmi les nombreuses victimes que nous avions
à déplorer, se trouvait un Vendomois, jeune officier plein d'avenir, M. de la Taille, qui sortait de
l'Ecole Polytechnique.

Un monument commémoratif, qui s'élève sur la
place publique des Roches, porte cette inscription :

A LA MÉMOIRE DES SOLDATS FRANÇAIS
6 JANVIER 1871
LOUIS - TIMOLÉON DE LA TAILLE
LIEUTENANT AU 14e RÉGIMENT D'ARTILLERIE
NÉ A TOURS
TUÉ AU COMBAT DES ROCHES
RELIGION ET PATRIE

Sur les autres faces du monument sont inscrits
les noms des autres victimes.

Nous en avons fini avec le récit de cette mémorable journée du 6 janvier. On peut évaluer de 8 à 10 lieues l'étendue de la ligne de bataille, et sur presque tous les points nous avions repoussé l'ennemi, bien que ses forces atteignissent 30,000 hommes, pendant que nos soldats étaient au nombre de 18,000. Si de part et d'autre l'effort avait été considérable, les pertes étaient énormes. Le chiffre officiel accusé par les Allemands s'élève à 177 officiers et 3,200 hommes tués ou blessés, du 5 au 10 janvier.

Ce que nous pouvons affirmer, c'est que, dans la nuit qui suivit cette journée, plus de cent voitures ont été réquisitionnées, à Villiers, Naveil et Montrieux, pour ramener à Vendôme les Allemands tués ou blessés. Toute la nuit, ce fut, sur la route, un lugubre défilé, laissant des traces de sang sur tout son parcours.

Toutes ces voitures déposèrent leur fardeau à l'ambulance du Quartier. La plus grande partie des cadavres, nous assure-t-on, y fut incinérée à la chaux vive ; ce qui est certain, c'est que dix enterrements seulement eurent lieu au cimetière ; trois officiers supérieurs, entre autres, y furent inhumés.

Furieux d'avoir subi des échecs aussi sanglants, les détachements cantonnés à Villiers se livrèrent, cette nuit-là, à un pillage effréné ; aucune cachette ne leur échappa; ils surent découvrir, à la fabrique de chandelles appartenant à M. Collin, 350 kilos de cette marchandise, ce qui leur permit de commettre leurs déprédations éclairés *a giorno.*

En terminant le récit des faits multiples qui s'étaient succédé dans cette journée du 6 janvier, rappelons que le Conseil municipal de Vendôme s'était réuni à midi et avait résolu de solliciter une audience du prince Frédéric-Charles, afin d'obtenir la mise en liberté du maire, si injustement détenu dans la prison de la ville. Voici les termes de la supplique qui fut adressée au commandant en chef allemand :

A Son Excellence le Prince Frédéric-Charles,

Le Conseil municipal de Vendôme, profondément affligé de l'arrestation du maire de cette ville, qui a eu lieu le 29 décembre dernier,

A l'honneur de solliciter Son Excellence de vouloir bien lui accorder une audience pour attirer sa bienveillance sur cette pénible situation.

(Seize membres ont signé.)

Le jour était mal choisi. Le Prince, tout entier aux importantes opérations qu'il dirigeait, refusa toute audience.

SAMEDI 7 JANVIER

Le gouverneur de Paris adresse une proclamation pour annoncer que le gouvernement de la Défense nationale ne faillirait pas à sa promesse et résisterait jusqu'à la dernière heure. — Dans l'Est, le général

*Bourbaki renonce au mouvement qu'il avait projeté
sur Vesoul.*

Le ciel est sombre, et le vent tourne au nord.
On peut craindre le retour du froid, car le dégel
des jours précédents n'est que superficiel, et le
sous-sol, profondément gelé, n'a pu absorber
l'eau qui couvre la terre : de ce fait, les blés vont
être compromis par la gelée, et la culture subira
de grands dommages. Tous les maux fondaient à
la fois sur nous : ce n'était pas assez d'avoir à
supporter la guerre et toutes ses horreurs, de redouter les atteintes des maladies épidémiques qui
faisaient tant de victimes, il nous faudra encore
assister à la perte de nos récoltes.

Un brouillard des plus intenses rendait impossible, ce matin-là, toute opération militaire. Nous
voyons pourtant se mettre en marche des forces
considérables d'infanterie, de cavalerie et d'artillerie ; des convois de toute nature encombrent
la route du Mans, et se massent à la bifurcation
de Saint-Mars : c'est le corps d'armée que commande le duc de Mecklembourg.

La tenue des troupes est parfaite, et leur discipline sévère. Défense est faite aux habitants de
quitter leurs maisons, sous peine d'être emmenés
comme otages, ce qui arriva à quelques-uns.
Grâce au permis de circulation qui nous avait été
délivré par l'autorité allemande, le 31 décembre,
pour nous rendre au cimetière de Vendôme, nous
pûmes tous ces jours-là circuler sans trop de difficulté ; aussi affirmons-nous la véracité des faits
que nous relatons, et dont, le plus souvent, nous
avons été témoin.

Nous entendons encore le bruit du canon et de la fusillade ; mais le combat s'éloigne de nous. Décidément notre retraite s'accentue, et c'est en pure perte que nos malheureux soldats ont lutté la veille avec tant d'énergie et avec succès !

Nous profitons de cette accalmie relative pour nous rendre à la Garde, où nous visitons le champ de tir, qui avait été le théâtre d'une lutte si meurtrière. Là, où, quelques semaines plus tôt, s'exerçaient nos jeunes soldats, pleins de vie et d'ardeur, gisaient maintenant des débris de toute sorte : des armes brisées, des casques, des sacs éventrés, que des mains sacrilèges ont déjà fouillés ; tout cela est pêle-mêle, et témoigne de la violence de la lutte.

Nous trouvons épars un livre de prières, des médailles de piété, des lettres, des photographies, ce qui prouve combien sont vivaces chez les Allemands la foi religieuse et le culte de la famille. Dans le fossé qui borde la forêt, un Français et un Prussien se sont donné la mort l'un à l'autre, à en juger par leurs blessures horribles, la position de leurs armes, et à la façon dont leurs corps gisent l'un sur l'autre.

Nous pénétrons dans la forêt. Au milieu des sapins mutilés, se trouve le cadavre d'un pauvre mobile de la Mayenne, dont le crâne est brisé ; à côté de lui, son sac ouvert renfermait plusieurs lettres touchantes ; l'une d'elles se terminait ainsi : « Courage jusqu'à la fin, mon enfant ! Nous prions ardemment Dieu qu'il apaise la colère des hommes ; à bientôt, c'est notre espoir.

La famille et les amis te tendent les bras pour
te recevoir. »

Peut-on exprimer plus simplement, avec plus
de cœur, les sentiments d'une mère! Infortunés parents, que soutenait seul l'espérance d'un prompt
d'un heureux retour, et qui bientôt devaient apprendre la triste issue!

Le service des ambulances n'avait pu se faire
la veille que très imparfaitement; le combat avait
continué quand la nuit était déjà venue, et beaucoup de soldats tombés pendant la lutte n'avaient
pu être relevés. Combien de pauvres hommes, qui,
transportés et pansés dans une ambulance, seraient peut-être revenus à la vie, et ont miséra-
blement péri, privés de tout secours! D'infâmes
maraudeurs en avaient lâchement profité, pour
dépouiller, à la faveur de la nuit, les cadavres,
qu'ils laissaient souvent absolument nus. Honnis
soient ces traîtres sans pitié, qui ne savent
même pas respecter les morts!

A Villiers et au Gué-du-Loir, c'est le même
spectacle qui nous attend: sur les hauteurs de
Saint-André, là où la lutte avait été la plus vive, le
sol était jonché de sabres, de fusils, de casques,
d'objets de campement de toute nature, tout cela
épars au milieu de cadavres dépouillés, de chevaux abattus.

Les Allemands restés en cantonnement à Villiers veillèrent à la sépulture des leurs, tombés
dans le voisinage; plusieurs furent inhumés au
cimetière de Villiers, où se dresse un monument
élevé à la mémoire du major Hastein.

Dans la soirée, le canon retentit dans la direc-

tion de Châteaurenault et aussi du côté d'Epuisay.
Le duc de Mecklembourg établit son quartier général à Montoire, dans la maison Chauvin.

A huit heures du soir, quatre officiers allemands
obligent le curé de Villiers à ouvrir les portes de
son église, et y enferment vingt-deux prisonniers français, leur refusant tout aliment, toute
boisson. Les malheureux, à demi morts de soif,
se partagèrent le contenu du bénitier. Des faction-
naires faisaient bonne garde à la porte du sanc-
tuaire. Mais une petite porte latérale avait été ou-
bliée ; la femme Gillard, préposée au service
de l'ambulance établie à la mairie, résolut de délivrer les prisonniers. Elle parvint à se procurer
des vêtements civils, et, au milieu de la nuit, les
leur remit par cette seconde porte, dont elle avait
une double clef. Leur déguisement opéré, ils purent sortir un à un et se réfugier dans les maisons
du voisinage.

M. Tardiveau, cultivateur à Gorgeat, a bien
voulu nous transmettre quelques renseignements
sur Azé, qui avait supporté, la veille, tout le choc
de la bataille. En revenant du bourg, où il avait
dû conduire dès le matin un peloton de Prussiens,
qui, par suite du brouillard épais, avaient peine à
retrouver leur chemin, il entendit sortant de la forêt, à la hauteur de Champrimbert, une voix étouf-
fée : «A moi, à moi, mes amis !» Il découvrit bientôt un sergent-major, couvert du sang qui s'échap-
pait d'une large blessure à la cuisse. Le malheureux garçon, qui portait le nom de Berthommier,
était resté toute la nuit dans ce piteux état ; les Allemands lui avaient tout enlevé, argent et tabac.

M. Tardiveau le transporta chez lui, où lui furent donnés les soins les plus empressés. Trois jours plus tard, on l'amenait à l'ambulance de Vendôme, où il est mort le 14 janvier. C'était un bon et brave soldat ; les lettres touchantes que lui adressait son vieux père en font foi.

Outre ce sergent-major, M. Tardiveau donna asile à plusieurs officiers français blessés, qu'il avait emmenés de l'ambulance d'Azé, mais qu'il dut bientôt ramener, par ordre, à cette ambulance.

Nous voici complètement revenus sous la domination prussienne, et nous subissons plus durement que jamais le régime du sabre. Partout est affichée, de nouveau, une proclamation du général en chef, punissant de mort quiconque entravera, de quelque façon que ce soit, les mouvements de l'ennemi.

Nous apprenons que M. Moisson, maire de Vendôme, doit être mis en liberté le lendemain ; mais la ville devra fournir, comme rançon, cinq cents paires de bottes. C'était une condition impossible à remplir. Le Conseil municipal offre, en échange, une somme de cinq mille francs au commandant de place, qui l'accepte ; mais il exige que M. Moisson se tienne à la disposition de l'autorité allemande.

DIMANCHE 8 JANVIER

Le bombardement de Paris continue. Les forts de Mont-rouge, d'Issy et de Vanves, ripostent vigoureusement. La limite extrême du bombardement peut être déterminée par une ligne partant de la Muette et traver-

sant la Seine au pont d'Iéna, en passant par le Tro-
cadero; cette ligne se dirigeant ensuite sur l'esplanade
des Invalides, qu'elle traversait, pour aller rejoindre,
par l'église Saint-Sulpice, plusieurs fois atteinte, la
Seine au Jardin des Plantes, et arriver enfin aux for-
tifications en arrière d'Ivry.

Le prince Charles quitte Vendôme à neuf heures du matin, suivi de son état-major et de son
escorte de hussards rouges. Il se dirige sur Montoire, où l'a déjà précédé le gros de l'armée.

Nos routes sont encombrées de voitures, de
chariots de toute sorte, qui avancent dans le plus
grand ordre. Trente de ces chariots portent des
bateaux qu'une compagnie de pontonniers accompagne. Ce défilé ne laissait pas que d'être imposant; mais les hameaux et maisons qui se trouvaient sur leur passage eurent beaucoup à souffrir. Tout y fut entièrement dévalisé.

Epuisay est depuis la veille aux mains des Prussiens. D'un autre côté, ils s'avancent à marche
forcée sur Pont-de-Braye, position importante que
nous abandonnons sans même essayer de la défendre. A Ruillé et à Vancé, les deux armées sont
en contact ; notre artillerie, bien conduite, y tient
en respect les Prussiens, ce qui permet à l'amiral
Jauréguiberry de s'établir fortement à Château-
du-Loir, et au général de Jouffroy d'opérer, sans
dommage, sa retraite sur Le Mans.

La neige commence à couvrir la terre.

Grâce à l'excellente direction imprimée aux ambulances de Vendôme, la mortalité y diminue
d'une manière sensible, et les cas de maladies

épidémiques, qui ont fait jusqu'ici tant de ravages,
y sont plus rares. Il est à remarquer que ces ambulances recevaient plus de blessés allemands
que de blessés français ; par contre, beaucoup
des nôtres avaient les pieds ou d'autres membres gelés, conséquence de leurs chaussures dé-
fectueuses, de leur équipement insuffisant.

Depuis le jour où l'honorable maire de Vendôme, M. Moisson, avait été impitoyablement
arrêté et gardé au secretdans la prison, l'administration de la ville était restée entre des mains
allemandes. Une satisfaction devait nous être donnée : M. G. Launay, conseiller municipal, fut désigné, le 8 janvier, pour remplir les fonctions d'ad-
ministrateur (section civile). Sa première préoccupation fut d'assurer l'existence de la population
et celle des malheureux prisonniers qui chaque jour
traversaient Vendôme. Les cinq boulangeries
que l'autorité prussienne avait affectées, le 2
janvier, à l'alimentation des habitants, étaient in-
suffisantes : par les soins de M. Launay, de nouveaux fours sont établis et permettent de pourvoir
à tous les besoins.

<h3 style="text-align:center">LUNDI 9 JANVIER</h3>

Combats de Thorigné et de Connerré. L'armée du géné-
ral Chanzy, malgré tous ses efforts, ne peut résister
aux attaques incessantes des divisions allemandes.
Dans la retraite, que protègent nos fusiliers marins,
qui se comportent vaillamment, un convoi tombe au
pouvoir de l'ennemi. Le général Chanzy, voulant en-

rayer à tout prix ce mouvement de recul, adresse à ses troupes une énergique proclamation, et leur prescrit de reprendre une vigoureuse offensive. — Dans l'Est, le général Bourbaki, plus heureux, remporte une victoire à Villersexel, entre Vesoul et Montbéliard.

La terre est profondément gelée, et la neige tombe à gros flocons: partout la désolation et la tristesse. La circulation est difficile sur les routes ; elles n'en sont pas moins sillonnées de nombreux convois de vivres et de munitions, qui vont approvisionner l'ennemi, bientôt sous les murs du Mans. Parfois nous voyons passer des compagnies de jeunes recrues, appelées à combler les vides qu'ont faits, dans les divisions, les maladies et la mitraille ; elles marchent encore d'un pas mal assuré, au bruit du fifre et du tambour. Mais ce qui est pis que tout cela, ce sont ces colonnes de chariots, aux lourds attelages, à l'aspect sordide, conduits par de véritables bohémiens, à l'air féroce, qui cherchent à voler sur leur chemin tout ce qu'ils rencontrent, ou à trafiquer des menus objets et des aliments que les soldats, après un pillage, leur cèdent pour un petit prix.

On se figure sans peine combien ces passages successifs avaient épuisé notre malheureux pays. Très heureux ceux qui avaient pu se conserver quelques pommes de terre ou un peu de farine ! On en était réduit à faire le pain en cachette, dans l'endroit le plus retiré de chaque hameau. Aussi, après un frugal repas pris à la dérobée, était-on fondé à répéter, plus que jamais, le vieux dicton : « En voilà un que les Prussiens n'auront pas ! »

Il nous semble voir encore notre voisin M. Hersant, surpris à table par une bande de pillards, cachant entre ses jambes l'unique morceau de pain
dont il disposait, et forcé, malgré tout, de s'en dessaisir. C'était dur pour un ancien gendarme, honoré des meilleurs états de service!

A bout de ressources, nos campagnards se rejettent sur les chevaux morts, abandonnés sur les
routes, et s'accommodent de cette alimentation
nouvelle pour eux ; avec quelques pommes de
terre sorties du fond des cachettes, c'était, pour
beaucoup de nous, un régal.

Nous nous rendons dans la matinée au cimetière
de Vendôme ; nous n'y pouvons trouver aucun
renseignement permettant d'établir d'une manière
exacte la mortalité considérable des jours précédents. Le temps a manqué pour ensevelir tous les
cadavres ; beaucoup gisent congelés sans sépulture. Les hommes occupés au cimetière ont dû,
souvent aussi, abandonner leur lugubre besogne,
pour échapper aux balles que s'échangeaient les
deux armées. Une tranchée de 4^m de largeur a été
ouverte, sur une longueur de 50 mètres, depuis
la croix jusqu'au mur méridional du cimetière.
Cette vaste fosse commune est bientôt insuffisante,
et une seconde tranchée est pratiquée, du côté
nord, dans un champ limitrophe qu'il va falloir
annexer à notre nécropole.

Il est dix heures quand nous pénétrons dans le
cimetière ; la neige, tombée la nuit précédente,
ne présente aucune trace de pas humains. Ce
morne silence, ces dalles violemment arrachées
aux tombes et dressées pour servir d'abri aux

tirailleurs, tout cela nous saisit, nous impressionne vivement. Quelles pénibles réflexions, en effet, devait suggérer la vue de tous ces corps, les uns nus, d'autres à peine vêtus, amoncelés là pêlemêle, sans distinction de nationalité ! Sur quelques cercueils nous lisons le mot « recommandé. » On méditerait longtemps, en présence d'un tel spectacle, bien fait pour prouver ce qui a été dit tant de fois : « Les peuples ne fraternisent que dans la mort. »

Dans la soirée, les conseillers municipaux de Vendôme sont convoqués à l'hôtel de ville, par le commandant de place, pour y entendre lire la déclaration suivante :

« Monsieur le Maire,

« Deux fois déjà les fils télégraphiques ont été rompus par des habitants de votre ville. Veuillez, Monsieur le Maire, prendre des informations à ce sujet.

« Je dois vous prévenir que cette infraction sera punie d'une contribution de 20,000 fr., que devra acquitter la ville de Vendôme.

« Vendôme, 9 janvier 1871. « Metzley. »

Après bien des pourparlers pour arriver à établir la non resposabilité de la ville en cette occurrence, l'administration allemande consentit à réduire de moitié cette contribution.

Avis est donné, par le commandant de place, que tout habitant qui se rendrait coupable de pareil méfait sera passé par les armes, et sa maison brûlée.

MARDI 10 JANVIER

Le général Manteuffel, appelé au commandement de l'armée allemande du Sud, est chargé de rallier dans l'Est le général Werder, et de s'opposer avec lui à la marche du général Bourbaki. — Capitulation de Péronne ; 3,000 hommes et tout le matériel de guerre tombent au pouvoir de l'ennemi.

Le défilé des troupes et des chariots continue, malgré le froid et la neige. De Mondoubleau et de Savigny, arrivent plusieurs convois de prisonniers. Nos pauvres soldats, mobiles pour la plupart, sont harassés de fatigue et ont grand'peine à se traîner jusqu'à Vendôme. Là, ils sont comme parqués dans la grange attenant à la gendarmerie, ancienne chapelle des Ursulines, pendant que les Allemands exigent pour eux-mêmes des billets de logement en ville et dans la banlieue.

Beaucoup d'habitants commencent à manquer absolument de tout. Le sel se fait rare ; les réserves de légumes sont épuisées, et dans quelques jours bien des ménages ne pourront plus s'éclairer. On en était réduit souvent à demander du pain à ses hôtes, à tirer le meilleur parti possible des restes peu ragoûtants qu'ils laissaient en partant. Par suite des réquisitions multipliées que nous avons subies, il ne reste plus de vaches, et le lait fait défaut pour les enfants, qu'alimentent seules quelques chèvres oubliées.

L'administration allemande rappelle de nouveau les prescriptions de la convention de Genève. Elle défend aux habitants de porter le bras-

sard à croix rouge, qui n'autorise nullement à
circuler en liberté dans la partie du territoire français occupée par les troupes. Ce brassard, dont la
largeur est déterminée, n'appartient qu'aux employés attachés aux ambulances militaires. De
même, le drapeau de Genève ne doit être hissé
sur les maisons hospitalières que si l'état de siège
est proclamé.

MERCREDI 11 JANVIER

*L'armée du général Chanzy, qui, la veille, en dépit de
ses courageux efforts, avait dû céder devant le nombre à Parigné-l'Évêque, à Changé, à Saint-Hubert
et à Champagné, se trouve réunie autour du Mans, et
se prépare, dès le matin, à soutenir un choc formidable. La lutte fut, en effet, désespérée. Pendant que
nous soutenions avec avantage le combat en avant
d'Yvré, les troupes du général Gougeard durent
abandonner le plateau d'Auvours ; grâce à l'énergie de leur chef, elles reprirent bientôt cette position.
De son côté, l'amiral Jauréguiberry défendait avec
sa vigueur habituelle l'accès du Mans, en avant de
Pontlieue. Cette journée du 11 était un succès pour
nos armes : l'ennemi n'avait pas réussi à gagner du
terrain, et il avait éprouvé des pertes considérables.
En félicitant les troupes de leur énergie, le général
Chanzy leur transmit, dans la soirée, ses instructions
pour continuer cette résistance. — Dans le Nord, le
général Faidherbe se dispose à prendre l'offensive.
Son quartier général occupe Boisleux.*

La neige couvre complètement le sol, le froid
est intense. Sur les routes, nous constatons quand

même le va-et-vient des jours précédents : des troupes fraiches, des colonnes de munitions se rendent dans les environs du Mans ; des prisonniers français sous bonne escorte, des chariots et des caissons vides, remontent au contraire sur Orléans. Tous ces mouvements sont exécutés dans un ordre parfait.

L'autorité allemande se départit un peu de sa rigueur des mauvais jours : nous pouvons agir plus librement. Chacun en profite pour rendre visite à ses voisins et se rendre compte des dommages. Les immeubles dont le propriétaire était absent n'ont pas été ménagés par l'ennemi ; on a grande chance d'y retrouver tous les meubles brisés, du fumier dans tous les coins.

On pourrait faire une histoire de chaque maison. Nous prendrons comme exemple Huchepie. Le 14 décembre, ce château avait l'honneur d'héberger M. l'abbé Morancé, aumônier en chef de l'armée de la Loire, chevalier de la Légion d'honneur. Par ses soins, une ambulance y avait été établie.

Quelques jours plus tard, M. Girard, le propriétaire, y reçoit une bastonnade prolongée, pour s'être refusé à fournir aux soldats allemands tout ce qu'ils exigeaient ; ce qu'il pouvait d'autant moins faire, qu'il logeait déjà des Prussiens dans son domicile de Courtiras.

Le 31 décembre, cette même maison reçoit le général de Jouffroy et tout son état-major.

Le lendemain 1er janvier, après avoir ainsi servi de quartier général à notre armée, Huchepie reçoit comme étrennes trois bombes allemandes, qui brisent tout à l'intérieur et incendient la toiture ; on put heureusement se rendre maître du feu.

Le 6 janvier enfin, c'est le prince Frédéric-Charles qui occupe les hauteurs de Huchepie, d'où il observe attentivement toutes les phases, tous les incidents de cette mémorable journée, observation d'autant plus facile que le temps était superbe.

Tous ces faits, pour beaucoup, paraîtront de peu d'importance ; mais, pour nous autres, dont la sphère d'action était depuis de longs jours si restreinte, les moindres détails ont leur intérêt, et nous croyons bien faire de les mentionner ; ils ne tomberont pas ainsi complètement dans l'oubli.

Il nous semble entendre encore les fanfaronnades de quelques-uns : à la veille d'être envahis, ils jetaient comme un défi aux Prussiens ; ils ne tenteraient pas, disaient-ils, de pénétrer chez eux, et n'oseraient, à les en croire, leur causer le moindre dommage. Eh bien, ils sont venus, ces Prussiens, et vous pouvez juger aujourd'hui toute l'étendue du mal qu'ils vous ont causé : vos maisons pillées, vos provisions épuisées, vos récoltes compromises, et souvent votre santé ruinée par suite des secousses morales que vous avez ressenties.

Dans la soirée, la municipalité reçoit l'avis que douze à quinze cents prisonniers français arriveront le lendemain, et que si la ville ne peut pourvoir à leur subsistance, ils seront immédiatement dirigés sur Blois. Les malheureux !

JEUDI 12 JANVIER

Les troupes de Bretagne, prises de panique, ont abandonné dans la nuit l'importante position de la Tuilerie, que le général Chanzy essaie en vain de reprendre. L'amiral Jauréguiberry tente de rallier les fuyards, mais n'y parvient pas. Le succès de la veille est absolument compromis ; la retraite s'impose. Le général en chef, contraint de céder, prend toutes ses dispositions pour éviter un désastre et sauver l'armée, qu'un encombrement dans la ville du Mans peut perdre tout entière. Grâce à l'habileté, à l'énergie de l'amiral Jauréguiberry, grâce aux excellentes mesures prises par le général Chanzy, l'ennemi fut arrêté dans sa marche victorieuse pendant quelques heures, et nos dernières troupes quittaient la ville dans la direction d'Alençon et de Laval, quand le génie fit sauter le pont de l'Huisne à Pontlieue. Il était temps : quelques minutes plus tard, l'ennemi pénétrait dans la ville, et s'emparait, à la gare, d'un certain nombre de machines et de wagons que, malgré toute l'activité déployée, l'on n'avait pu mettre en mouvement. — Cette fatale journée nous coûtait cher : 12 canons et plusieurs milliers de prisonniers restaient aux mains de l'ennemi. Des deux côtés les pertes étaient énormes ; le régiment de gendarmerie seul avait perdu 2 officiers et 83 sous-officiers et soldats, en défendant jusqu'à la dernière extrémité le pont de Pontlieue.

Parmi les prisonniers qui défilent devant nous, nous reconnaissons plusieurs mobiles de Loir-et-Cher.

A midi et demi, nouveau convoi de prisonniers, cinq cents environ, qui arrivent du Mans, Dieu sait dans quel état ! Les malheureux sont à moitié morts de froid et de faim ; leurs vêtements sont en lambeaux. Les habitants des villages qu'ils traversent font ce qu'ils peuvent pour les secourir ; mais souvent ils sont durement repoussés par les soldats de l'escorte. Sur la place de la Madeleine, les chefs délibèrent si on n'enfermera pas ces prisonniers dans l'église, puis on y renonce. Plus de 1200 arrivèrent ce jour-là à Vendôme, et furent cantonnés au Grand-Faubourg ou entassés dans la prison et à la gendarmerie.

Plus tard, nous voyons arriver d'Orléans une longue colonne de chariots lourdement chargés, dont les conducteurs, sordidement vêtus, inspirent partout sur leur passage la frayeur la plus vive. Nous avons eu déjà occasion de parler de ces pillards de profession, qui suivaient l'armée allemande, cherchant à tirer argent de tout, écumant pour ainsi dire le butin que n'ont pas emporté les soldats à la suite d'un pillage. Quelques femmes, espèces de mégères à l'aspect repoussant, au regard effronté, accompagnent ces receleurs, et font main basse sur les étoffes, les dentelles et les menus bibelots. Certains de ces pesants véhicules, traînés par de petits chevaux hongrois, renfermaient de véritables richesses ; dans l'un d'eux, nous avons pu voir une caisse pleine de montres d'or et d'argent et de bijoux. Triste engeance que tout ce monde de maraudeurs !

VENDREDI 13 JANVIER

*Entrée du prince Frédéric-Charles au Mans, à la tête
du 3ᵉ corps. Dans la dure campagne de sept jours
qu'ils venaient de soutenir, les Allemands avaient
perdu 180 officiers et 3,490 hommes, sans compter
les malades, presque aussi nombreux que les blessés.
— L'armée de Paris tente une sortie sur Meudon et
Clamart, où les Prussiens sont solidement retran-
chés.*

Nous assistons encore aujourd'hui à l'arrivée
de prisonniers, dont le dénuement, l'air maladif
excitent la compassion. Heureux encore quand
ils n'ont pas à se plaindre de la brutalité des soudards qui les escortent, et qui ne leur épargnent
pas les coups de crosses de fusil pour les faire
rentrer dans le rang! On peut voir au Musée de
Vendôme un tableau, dû au pinceau d'un artiste
vendomois, M. Renouard, qui retrace fidèlement
le triste défilé de nos malheureux soldats sur la
place de la Madeleine.

Trois mitrailleuses, dont l'ennemi s'est emparé
dans les environs du Mans, sont amenées dans
la cour du quartier, et prennent place à côté d'autres pièces d'artillerie, que nos troupes ont dû
abandonner dans leur retraite précipitée.

Depuis un mois, notre marché n'existait plus.
Il est rouvert aujourd'hui. De tous côtés arrivent
des campagnards, chargés de beurre, de volailles
et d'œufs. On est tout surpris, après les déprédations sans nombre et sans merci auxquelles s'est
livrée l'armée allemande, de voir apparaître tou-

tes ces denrées, que complètent quelques lots de pommes de terre, de fruits et de légumes. La vente fut très active, car les provisions étaient complètement épuisées. Les marchands, par exemple, se refusaient parfois à accepter en paiement la monnaie allemande, malgré son cours forcé, et préféraient remporter chez eux une partie de leurs denrées, ou bien ils faisaient eux-mêmes des achats contre les thalers qu'ils avaient été contraints de recevoir. Il en résulta que les marchés qui suivirent furent moins bien approvisionnés. Les revendeurs de la ville parcoururent alors la campagne, et leur monnaie française leur faisait ouvrir les cachettes qui renfermaient des réserves.

Nous logions alors dans notre maison un officier bavarois malade, et qui, pour cette raison, avait obtenu de prolonger son séjour. Il parlait très bien le français, et nous renseignait complètement sur les opérations militaires. D'après lui, le 1er corps bavarois avait été tout particulièrement éprouvé dans la dure campagne à laquelle il avait pris part, dans le Vendomois surtout; sur 34,820 hommes que comptait ce corps au début de la guerre, 534 officiers et 11,208 sous-officiers et soldats avaient été mis hors de combat. Ces chiffres se trouvèrent confirmés, plus tard, par une note officielle.

Par lui aussi, nous apprîmes que, du 5 au 10 janvier, la colonne du général de Jouffroy, forte de 18,000 hommes avait eu en présence 30,000 Allemands, qui, dans ces journées, ne perdirent pas moins de 177 officiers et 3,200 soldats.

SAMEDI 14 JANVIER

*La situation des troupes composant l'armée de la Loire
est déplorable.* « *La cohue des fuyards est inimagina-
ble, écrivait l'amiral Jauréguiberry au commandant
en chef: ils renversent les cavaliers qui s'opposent à
leur passage; ils sont sourds à la voix des officiers...
Je trouve autour de moi une telle démoralisation, que
les généraux du corps d'armée m'affirment qu'il serait
très dangereux de rester ici plus longtemps.... Je ne
me suis jamais trouvé, depuis 39 ans que je suis au
service, dans une situation aussi navrante pour moi.* »
— *Attaqués vivement à Chassillé, nous devons battre
en retraite. Redoutant un mouvement tournant des
Prussiens par Loué, l'amiral Jauréguiberry dirige le
16ᵉ corps sur Saint-Jean-sur-Erve. Telle était la dés-
organisation de notre armée, qu'elle ne comptait plus
guère que 70,000 hommes.*

Aujourd'hui, le bruit se répand, venu on ne
sait d'où, que nos troupes ont remporté un certain
avantage. Cette bonne nouvelle nous rend un peu
d'espoir; mais, hélas ! elle ne nous est pas confirmée. Nous échangeons quelques mots à la dérobée avec les prisonniers français, qui, comme
chaque jour, sont arrivés le matin ; ils ne savent
absolument rien. Ce qu'ils savent trop bien, en revanche, c'est qu'ils ont perdu toute liberté et sont
en butte aux plus durs traitements.

Notre ville, éloignée maintenant du théâtre des
opérations, reprend un peu sa physionomie normale. Beaucoup de ceux qui avaient fui avec leur
famille, à l'approche de l'ennemi, se hasardent à
rentrer chez eux. Dans quel état ils retrouvent

leur habitation! Là, en effet, où les Allemands rencontraient des hôtes, ils se montraient, à quelques exceptions près, assez convenables; mais, dans les maisons abandonnées, ils ne respectaient rien, et se livraient à un pillage désordonné. Le bois leur manquait-il, ils brisaient les meubles et les jetaient dans le foyer; la vaisselle volait en éclats, et leur joie était à son comble quand ils réussissaient à découvrir dans un placard quelque cachette, où, le plus souvent, du linge et parfois des dentelles et des étoffes précieuses avaient été entassés. Ils cédaient à vil prix les objets de valeur aux juifs brocanteurs qui suivaient l'armée allemande, et lacéraient le reste en mille morceaux. Inutile d'ajouter que la cave était mise à sec, que les glaces servaient de cible à leurs pistolets, et que, sans vergogne, ils laissaient, dans chaque chambre, des traces nauséabondes de leur passage.

Voilà le spectacle qui attendait les propriétaires rentrant chez eux après un mois d'absence! Pas un drap, pas un lit pour reposer leur tête, aucun ustensile de cuisine n'est resté. Presque toujours la maison est vide: le déménagement est complet. Quelquefois on avait la chance de retrouver dans une maison du voisinage une partie de son butin, soit qu'un ami dévoué l'eût soustrait à l'ennemi, soit que les Prussiens eux-mêmes l'eussent transporté ailleurs, en guise de passe-temps. Combien mieux avisés avaient été ceux qui n'avaient pas abandonné leur maison; tout en sauvegardant leur propriété, ils s'étaient épargné de grandes souffrances morales, car si nous avions passé par de rudes épreuves, du moins il nous restait la conscience d'avoir fait notre devoir.

L'administration allemande devient, à partir de ce jour, moins sévère ; un nouveau commandant de place s'installe, rue Poterie, dans la maison Boutrais.

DIMANCHE 15 JANVIER

Combat de Sillé-le-Guillaume. Le 21e corps réussit à repousser l'ennemi ; mais le 17e corps ne peut garder ses positions, et, une fois de plus, il faut battre en retraite. De son côté, le 16e corps avait soutenu une lutte acharnée, qui, au dire du général Chanzy, lui fait honneur, et qui est le dernier combat important de la campagne.

Le temps se remet au froid, la neige tombe, les chemins sont de nouveau impraticables.

Derrière cinq ou six cents prisonniers, lugubre défilé que nous réserve chaque jour, s'avance un long convoi de voitures de munitions vides, qui remontent sur Orléans.

Ordre est donné par le commandant allemand à la municipalité de Vendôme d'avoir à assurer chaque jour la subsistance de 500 hommes de cavalerie et de 800 hommes d'infanterie. C'était un bien lourd impôt ; les réquisitions antérieures avaient complètement épuisé le pays, et de plus on ne pouvait s'attendre à de pareilles exigences. On parvint toutefois à y satisfaire en partie.

Sur nos routes, c'est un croisement continuel de

troupes et de chariots, sans qu'il en résulte le moindre encombrement. C'est en cela surtout, nous l'avons déjà constaté, que l'armée allemande l'emporte sur la nôtre : tous les ordres qu'elle reçoit sont précis et ponctuellement obéis ; tous ses mouvements, elle les exécute dans un mystérieux silence ; pendant que nous autres, nous abusons du tambour et du clairon.

LUNDI 16 JANVIER

Combat de Saint-Jean-sur-Erve. L'amiral Jauréguiberry tente un dernier et courageux effort ; mais il doit céder devant un ennemi plus nombreux, et, après une résistance opiniâtre, très habilement dirigée, il opère sa retraite en bon ordre. — Du côté d'Alençon, le général Lipowski, avec ses francs-tireurs et 4,000 mobilisés, tient tête pendant plusieurs heures à tout un corps d'armée ; mais, faute de munitions, il est obligé d'abandonner cette ville, où il s'était retranché. — L'armée du Nord, sous le commandement du général Faidherbe, se prépare à prendre l'offensive ; une de ses colonnes entre le 16 à Saint-Quentin.

La pluie succède à la neige ; le dégel rend les routes et les chemins impraticables.

Deux cents prisonniers, venant d'Epuisay, traversent Courtiras. Le découragement et une extrême fatigue se lisent sur leurs visages ; ils sont comme anéantis, et ne semblent pas avoir conscience de ce qui se passe autour d'eux. Plusieurs appartiennent à la mobile de Loir-et-Cher ; on leur propose de les aider à s'évader, ce qui était facile ; mais, esclaves du devoir, ils s'y refusent.

Ils avaient raison, car tous ceux qui réussirent à tromper la surveillance de l'ennemi, plus tard payèrent très cher leur imprudence.

Nous assistons à une scène des plus touchantes. Une mère reconnaît son fils au milieu des prisonniers ; elle se précipite vers lui, se jette à son cou, et cherche à l'attirer en dehors des rangs. Les Prussiens interviennent, l'accablent de coups de crosse, sans lui faire lâcher prise. Les coups redoublent, et la pauvre mère, épuisée, tombe sans forces. Quelques jours plus tard, elle succombait : elle n'avait pu survivre à sa douleur.

MARDI 17 JANVIER

Toutes les colonnes françaises ont passé la Mayenne. Le quartier général de l'armée de la Loire est à Laval. Le grand duc de Mecklembourg établit le sien à Alençon. — Le général Bourbaki est impuissant à débusquer le général Werder de ses positions.

Les pluies des jours précédents ont occasionné une petite crue du Loir. Toujours même mouvement de troupes, de prisonniers, de chariots, sur les routes. Des compagnies formées tout entières de jeunes recrues se dirigent sur Le Mans.

Un avis de l'administration allemande informe les communes qu'elle paiera elle-même tous les bons de réquisitions. Voici le texte de cette ordonnance :

« Toutes les fois que des individus ne faisant pas partie de l'armée française causeront des dégâts sur les rou-

14

tes, sur les chemins de fer, dans les rues et aux télégra-
phes, ou attaqueront des troupes, des détachements ou
des convois, ces malfaiteurs seront traduits devant un
conseil de guerre, et les communes dans le district où les
dégâts auront été commis en seront responsables.

« Si une commune est condamnée à des dommages-
intérêts, l'amende sera proportionnée au nombre des habitants, à leurs ressources et à la gravité du crime.

« Chaque dégât commis sur un chemin de fer entraî-
nera une amende de 2,000 francs, et chaque dommage
fait à un télégraphe sera puni d'une contribution de
300 francs au moins.

« Versailles, le 16 janvier 1871.

« DE FABRICE. »

En dépit de l'ordonnance que nous venons de
reproduire, nos campagnes n'en subirent pas
moins les vexations et les réquisitions habituelles.
Un lieutenant de cuirassiers blancs, du nom de
Grüber, se signala surtout par ses exigences
exhorbitantes.

MERCREDI 18 JANVIER

*Le roi de Prusse est couronné, à Versailles, empereur
d'Allemagne. La cérémonie a lieu au palais, dans
la salle des Glaces. — Dernier engagement de l'armée de la Loire à Bonchamp, où le général Curten
fait échec, avec sa division, à tout un corps d'armée.*

Le dénûment était extrême. Les marchés
étaient nuls, nous en avons dit la raison, et certaines denrées manquaient absolument. De concert
avec la municipalité, l'autorité allemande fit publier un avis invitant les commerçants et les pro-

ducteurs à reprendre leurs transactions comme
autrefois. Les réquisitions devaient prendre fin, et
les cultivateurs pouvaient en toute sécurité mettre
en vente leurs produits. Cette déclaration eut
bientôt son effet : le commerce, depuis si longtemps paralysé, reprit ses habitudes, et l'on vit
apparaître quantité de provisions restées jusqu'ici
enfouies dans des cachettes.

JEUDI 19 JANVIER

*L'armée du Nord, dont une partie avait soutenu, la veille,
à Vermand, un choc formidable, et empêché l'ennemi, non sans subir de grandes pertes, de gagner du
terrain, se concentre sous les murs de Saint-Quentin.
Le général Faidherbe opposait 40,000 hommes environ à pareil nombre d'Allemands. De huit heures du
matin à midi, nous tenons vigoureusement toutes nos
positions ; mais un mouvement offensif de l'ennemi,
dirigé par le prince Albrecht, oblige à la retraite
notre artillerie. A cinq heures, la gare tombe au pouvoir des assaillants. La journée était perdue pour
nous. La bataille de Saint-Quentin avait coûté aux
deux armées des pertes importantes : près de 3,000
hommes, de chaque côté, furent mis hors de combat,
et 6,000 des nôtres, mobilisés pour la plupart, furent
faits prisonniers. — La ville de Tours est occupée
sans combat par l'ennemi.— M. Gambetta va conférer
à Laval avec le général Chanzy.*

Si nous avons la satisfaction de voir le commerce reprendre un peu d'animation autour de
nous, il faut que nous subissions encore de nouvelles réquisitions, malgré les conventions éta-

blies avec l'autorité allemande. Les officiers qui
exigeaient des cultivateurs la livraison de bestiaux ou de denrées delivraient bien, en échange,
des bons de réquisition, mais, le plus souvent, ces
bons n'étaient payables qu'au Mans, au quartier
général ; c'est dire que beaucoup n'ont jamais été
remboursés, car, d'un côté, il fallait se déplacer
pour être payé, et, de l'autre, la circulation sur
les routes était interdite, ou tout au moins presque impossible.

Le conseil municipal de Vendôme est autorisé
par l'administration allemande à se réunir, pour
aviser d'urgence aux moyens de satisfaire aux
exigences de l'ennemi. Tous les crédits étaient
épuisés. Nos édiles votèrent, séance tenante, un
emprunt de 40,000 francs.

L'embarras de la municipalité était d'autant plus
grand, que chaque jour arrivaient de nouveaux
détachements, sans qu'elle fût avisée de leur passage. C'est ainsi qu'aujourd'hui il faut pourvoir
au logement et à l'alimentation de 1,500 hommes,
sur l'arrivée desquels on ne comptait nullement.
La confusion s'établit au bureau militaire de la
mairie, qui est en butte à des réclamations de
toute sorte. Les logements, les vivres font défaut,
tout manque à la fois. C'est à peine si les approvisionnements qu'amènent, ce jour-là, d'Orléans
douze voitures réquisitionnées par le commandant
de place, suffisent pour répondre aux besoins les
plus pressants.

Le désarroi est à son comble.

VENDREDI 20 JANVIER

Le général Chanzy s'occupe activement de la réorgani-
sation de son armée, qu'il avait su conserver au pays
après une retraite des plus difficiles, par suite des ri-
gueurs de la saison, et durant laquelle elle avait sou-
tenu des combats acharnés et incessants. En quelques
jours, la situation des troupes fut complètement mo-
difiée, et il était permis d'espérer qu'on pourrait bien-
tôt tenter de nouveau la lutte, reprendre les projets sur
Paris, ou, tout au moins, arrêter la marche d'un en-
nemi qui, lui aussi, avait éprouvé des fatigues et des
découragements. Si de telles espérances n'étaient pas
réalisables, elles dénotent, toutefois, l'énergie et la
valeur du caractère français.

C'est jour de marché ; l'aspect de notre ville se
transforme, bien que beaucoup de cultivateurs,
ainsi que nous l'avons déjà dit, préfèrent vendre
leurs denrées aux resserreurs, qui parcourent les
campagnes, achetant à très bas prix, mais payant
en monnaie française. Le fait est que les monnaies allemandes, de modules si divers et de valeur
si variable, ne facilitent guère les transactions.
Le vendeur peut craindre d'être trompé par le soldat, qui lui présente une pièce dont il n'a pas encore vu l'effigie ; aussi se refuse-t-il à livrer sa marchandise ; de là des altercations, des embarras
sans nombre. En présence de cette situation, le
commandant de place donna aux troupes l'ordre
formel de ne duper en aucune façon les commerçants, sous peine de punitions sévères ; il fit même
établir, pour les monnaies, un bureau de change ;

mais un grand nombre de cultivateurs en ignoraient l'existence.

En outre, l'autorité militaire fit publier que les réquisitions faites directement par les Allemands chez les producteurs seraient désormais payées en monnaie française. Dès lors la confiance revint, et les transactions furent plus nombreuses. En même temps, l'avis suivant fut placardé sur nos murs.

AVIS CONCERNANT LES MONNAIES ALLEMANDES

Le thaler prussien   vaut   3 fr. 75.
Le florin bavarois   —   2 fr. 15.
Le florin autrichien   —   2 fr. 50.
8 gros allemands (*groschen*) valent 1 fr.
Les billets de banque correspondant à ces monnaies ont la même valeur.

« Tous les Français recevront ces valeurs, dans les transactions avec les troupes et les citoyens allemands, au taux ci-dessus indiqué, sous peine d'une amende de 100 francs ou d'un emprisonnement, en cas de refus.

« *Versailles, le 16 janvier 1871.*

« *Le gouverneur général,*

DE FABRICE. »

Nous devons ici rappeler des faits qui ne peuvent manquer d'intéresser, puisqu'ils touchent à un Vendomois, l'un de nos plus honorables compatriotes.

Disons tout d'abord que, par suite du peu de compétence militaire dont pouvait faire preuve le gouvernement de la défense nationale sous l'im-

pulsion de M. Gambetta, bien des ordres transmis
ont pu être mal interprétés ou incomplètement
exécutés.

C'est ainsi que le général Faidherbe, commandant en chef de l'armée du Nord, fut averti, par
dépêche de M. de Freycinet qu'il était nécessaire
de prendre vigoureusement l'offensive, pour attirer le plus de forces possible de l'armée d'investis-
sement, et permettre au général Trochu de risquer
une dernière et décisive sortie. Le général Faidherbe prit ses dispositions pour arriver à ce but;
le général Paulze-d'Ivoy, avec la 23ᵉ division qu'il
commandait, fut chargé de contenir l'ennemi en
avant de Caulaincourt. Les Allemands avaient successivement amené toutes leurs batteries sur ce
point, et le général Paulze-d'Ivoy n'avait, pour leur
répondre, que six pièces. Après une violente lutte
d'artillerie, Caulaincourt tomba aux mains des
Allemands.

Exaspéré de cet insuccès, le général Faidherbe
ne craignit pas de déposer plus tard, devant la
commission d'enquête, contre le général Paulze-
d'Ivoy, qui, prétendait-il, « avait eu le tort de laisser inactives deux batteries sur trois qu'il avait
sous la main. » Notre honorable compatriote n'eut
pas de peine à se justifier d'une pareille attaque,
résultat d'animosités personnelles : « Relativement à l'affaire de Vermand, dépose le général
Paulze-d'Ivoy, quand le général Faidherbe dit que
j'ai repoussé l'ennemi, cela n'est pas exact. Je ne
l'ai pas repoussé, j'ai seulement pris de bonnes
positions, et je m'y suis maintenu toute la journée.
J'avais à lutter, avec 5,000 hommes, contre 30,000,

et certainement je ne voudrais pas recommencer ce que j'ai fait ce jour-là. »

De même, lorsque, quelques jours plus tard, le 23e corps tout entier faillit, faute d'instructions transmises à temps, rester aux mains de l'ennemi, le général Faidherbe montra de nouveau son exaspération. Voici dans quels termes le général Paulze-d'Ivoy s'est justifié devant la commission d'enquête :

« Quant à Saint-Quentin, tout le monde m'a assuré que le général Faidherbe a quitté le champ de bataille vers cinq heures du soir, et je n'ai été prévenu qu'on battait en retraite qu'à six heures moins un quart.

« Je suis allé, un peu avant cette heure, sur la place de la ville, pour prendre ses ordres, et quand j'y suis arrivé avec mon état-major et celui du commandant Payen, alors général de division, il y a eu un hurrah de Prussiens et des coups de feu.

« Nous nous sommes repliés vivement sur le carrefour d'où nous venions, et c'est là seulement que j'ai appris qu'on battait en retraite par un officier, qui prétendait qu'il me cherchait depuis longtemps. Si vous voulez savoir toute ma pensée là-dessus, je crois que j'ai été sacrifié. Je ne m'en plains pas : en temps de guerre, il faut quelquefois sacrifier du monde; mais on aurait pu me prévenir. J'avais prouvé qu'on pouvait s'en rapporter à moi, et si on m'avait dit qu'il fallait soutenir la retraite, je l'aurais soutenue. »

Rappelons ici que deux autres Vendomois ont

pris une part active à la guerre franco-allemande :
M. le général de Valabrègue et M. le général de
Vandeuvre, tous les deux décédés aujourd'hui. Le
premier se distingua à Forbach, où il chargea
avec sa brigade de l'extrème arrière-garde, et à
Gravelotte, où ses régiments anéantirent les hulans prussiens. Le second fit preuve de la plus
grande énergie à Reischoffen, à la tète de son régiment de cuirassiers, dans cette charge glorieuse
restée légendaire.

SAMEDI 21 JANVIER

*Dans l'Est, l'armée de Garibaldi abandonne, presque
sans coup férir, toutes les positions qu'elle était chargée de défendre. — Un convoi de plus de 300 wagons,
qui devait approvisionner nos troupes de fourrages et
d'effets d'équipement, tombe aux mains des Allemands,
qui s'emparent de Dôle. — Dix batteries allemandes
ouvrent leur feu contre les ouvrages de Saint-Denis,
et réduisent au silence les forts de l'Est, de la Briche
et de la Double-Couronne. La ville de Saint-Denis devient l'objectif des canons ennemis; la cathédrale est
atteinte, et nombre de maisons sont détruites.*

Cette journée n'offre aucun incident, et nous n e
pouvons que rappeler l'arrivée de nouveaux prisonniers et le défilé de nouveaux convois, qu'escortent de tout jeunes soldats. Ces recrues n'ont
pas un moment de répit. A peine les convois ont-
ils quitté la ville, qu'elles exécutent des marches
sur les routes, avec cette précision mathématique
qui nous fait sourire, nous autres Français, mais

qui assure à l'armée allemande une cohésion parfaite.

La municipalité, invitée par l'administration allemande à établir une nouvelle ambulance à la sous-préfecture, déclare ne pouvoir accepter une pareille charge, d'autant moins que cette ambulance ne doit recevoir exclusivement que des malades ou des blessés allemands.

·La question des vivres préoccupe au plus haut point notre municipalité. La taxe du pain est rétablie, et des pourparlers sont engagés avec la commandature, afin de conjurer la famine qui nous menace, et d'obtenir que les officiers et soldats cessent toutes réquisitions. Le plus souvent, ils usent de violence, ou, s'ils délivrent des bons, ces bons, quand encore ils sont suffisamment légalisés, ne sont payables que par un intendant dont la résidence est fort éloignée, parfois inconnue.

DIMANCHE 22 JANVIER

Les opérations militaires sont, à cette date, de nulle importance. — Le général Chanzy redouble d'activité pour remettre sur un pied convenable son armée, que la retraite du Mans a éprouvée d'une façon si cruelle.

Les émotions multiples par lesquelles nous sommes passés nous font oublier les dates qui, dans la vie normale, nous sont chères. Au milieu de nos tribulations, les dimanches et fêtes s'écoulent inaperçus; les vignerons eux-mêmes semblent avoir perdu de vue la Saint-Vincent, qu'ils fêtent toujours avec tant d'empressement et d'en-

train. Les cloches, qui sonnent pour la première
fois aujourd'hui depuis le 16 décembre, les rappellent, heureusement, à la réalité, et l'on échange,
à cette occasion, de cordiales poignées de mains,
tout en faisant des vœux pour que toutes les misères de la guerre s'éloignent enfin de notre cher
et malheureux pays.

Une liberté plus grande nous est laissée ; nous
pouvons sans difficulté nous rendre à la ville, et y
entendre répéter les nouvelles les plus étranges
qui circulent depuis le matin, venues on ne sait
d'où. C'est ainsi qu'on annonce que l'armée de la
Loire tend la main à celle du général Faidherbe,
et que toutes les deux marchent sur Paris par le
Nord, pendant que Garibaldi les rejoint par l'Est.
Autant d'impossibilités, autant de mensonges !
Et, d'ailleurs, nous devions être bientôt détrompés
par la lecture des journaux français, dont la circulation vient d'être autorisée, comme pour nous
donner l'humiliation d'y lire chacune de nos défaites. Ils prennent même le soin, ces perfides
Allemands, d'en faire distribuer gratuitement un
certain nombre. Nous apprenons ainsi qu'une
grande sortie de l'armée de Paris a été repoussée,
et que nos pertes sont considérables ; que les trois
armées de la Loire, du Nord et de l'Est, loin de
s'être rejointes pour frapper un grand coup et dégager la capitale, ont éprouvé de rudes échecs, et
que leur situation est des plus critique. C'est l'empereur d'Allemagne lui-même qui signe ces dépêches annonçant à l'Europe l'écrasement de la
France ; c'est ajouter encore aux humiliations
de tout genre qu'il nous faut subir.

Après de pareils désastres, auxquels nous refusons de croire encore, malgré tous les détails circonstanciés, malgré les preuves que nous avons sous les yeux, comment continuer une lutte si mal engagée, et qui nous avait plongés dans un abîme aussi profond? L'opinion générale était qu'il fallait en finir avec cette guerre impitoyable, où se trouvaient engagés les intérêts les plus chers de notre malheureuse patrie.

Un fait nous montre l'étendue du coup qui nous frappe: parmi les prisonniers qui arrivent aujourd'hui à Vendôme, nous comptons 28 officiers de toutes armes. Ces prisonniers sont cantonnés partie à la gendarmerie, partie dans l'ancienne chapelle des Ursulines. La municipalité s'entend avec le commandant de place pour qu'ils soient traités le mieux possible. Les habitants sont même autorisés à leur porter quelques vêtements et des vivres, qui viennent s'ajouter fort à propos au pain délivré par la ville.

Les passages de troupes cessent un peu ; le service de la mairie devient moins pénible.

LUNDI 23 JANVIER

M. Gambetta affirme, devant le général Chanzy et les chefs supérieurs de la deuxième armée, réunis à la préfecture de Laval, que tous, généraux, officiers et soldats, ne combattent pas pour un parti, mais bien pour le salut de la patrie. Comme preuves, il confie aux colonels Charette et Cathelineau, nommés généraux au titre auxiliaire, le commandement de 30,000 mobilisés, qu'ils devaient réunir de suite à leurs vo-

lontaires. — L'ennemi évacue Alençon, et semble opé-
rer un mouvement sur Rouen. — Paris est désolé, à la
fois, par la guerre civile et la famine. Le gouverne-
ment réunit un conseil de guerre formé des officiers
réputés les plus énergiques. La capitulation est admise
comme inévitable. M. Jules Favre se rend à Versail-
les pour traiter de l'armistice.

Le doute n'est plus possible. Hier encore nous
ne pouvions croire à tant de désastres ; aujour-
d'hui nous devons nous rendre à l'évidence.
1,200 prisonniers nous arrivent dans un état de
denûment complet, et nous confirment ce que
nous avons appris déjà de notre malheureuse armée. C'est sous l'escorte de quarante hommes
d'infanterie et de huit cavaliers seulement que
1,200 Français ont dû se laisser conduire à travers le Perche, si dévasté par le passage continuel
des troupes, et qui ne pouvait offrir aucune ressource à ces infortunés, à demi morts de fatigue
et de faim. C'était un navrant spectacle que le défilé de tous ces jeunes gens, naguère si pleins de
vie et d'entrain, maintenant si pâles et se traînant
à grand'peine !

L'alimentation est la grosse question du moment : dupes si souvent de la mauvaise foi des Allemands, qui leur délivraient des bons qu'il était
impossible de réaliser, nos cultivateurs ne veulent se dessaisir de leurs denrées que contre argent français, malgré les avis publiés par l'autorité militaire, aussi les transactions sont-elles
toujours très difficiles. Le pain est taxé à 2 fr. 15
les cinq kilos.

A partir de ce jour, les avis de la municipalité

sont publiés à son de caisse, et non plus à la clochette, comme l'avait ordonné la commandature.

Plusieurs prisonniers se sont évadés dans la
nuit précédente ; c'est, pour notre municipalité,
l'occasion de très grands embarras, car l'ennemi
prétend imposer, pour ce fait, une lourde contribution à la ville. L'affaire s'arrange ; mais notre
administration fait publier que les habitants devront à l'avenir fermer les portes de leurs maisons au moment du passage des prisonniers,
pour éviter des évasions, dont les conséquences
seraient très graves, pour la ville et pour les par-
ticuliers qui auraient donné asile à des prisonniers.

Le conseil municipal décide l'agrandissement
du cimetière, devenu insuffisant ; soixante-dix
ares environ y sont annexés du côté nord.

Dans la soirée arrive encore un millier de prisonniers, dont cinquante sont dans un état tel,
qu'ils doivent être transportés à l'hôpital. Par
les soins de l'autorité allemande, la sous-préfecture est convertie en ambulance.

MARDI 24 JANVIER

M. Jules Favre, de retour à Paris, rend compte aux mem-
bres du gouvernement de son entrevue avec M. de Bis-
marck et leur fait connaître les dures conditions que
le chancelier allemand met à l'armistice. — La ville
de Tours est occupée par plusieurs régiments prus-
siens.

Tel est l'état de souffrance de plusieurs des pri-

sonniers qui arrivent aujourd'hui, qu'ils tombent
presque inanimés sur la route, près de Courtiras.
Par humanité, nous les relevons et les condui-
sons en voiture au village, pour leur donner les
soins nécessaires ; mais, n'écoutant que leur discipline, nos rudes ennemis réclament leur proie,
sous menace de traduire en conseil de guerre et
ceux qui ont offert un asile et ceux qui l'ont ac-
cepté.

MERCREDI 25 JANVIER

Reddition de la place de Longwy, après huit jours de
bombardement. 4,000 hommes, 200 bouches à feu et
un matériel considérable tombent au pouvoir de l'en-
nemi.

Rien de bien saillant à signaler dans cette journée. L'administration allemande, qui a pris en
main la direction de toutes les ambulances de la
ville, veille avec un soin extrême à ce que rien ne
leur fasse défaut. L'ambulance du Saint-Cœur,
dont les sœurs font preuve d'un précieux dévouement, est traitée d'une façon toute particulière. Le
commandant de place lui fait délivrer cinquante
couvertures, qui restent la propriété de l'établis-
sement.

JEUDI 26 JANVIER

Découragé par les échecs constants qu'avait subis son ar-
mée, désespérant de sauver ses soldats, le général
Bourbaki se tire un coup de pistolet. « .... La crainte

« *de voir mon armée internée en Suisse, a-t-il dit de-*
« *vant la commission d'enquête, le manque de vivres*
« *pour mes troupes, l'appréciation injuste que le mi-*
« *nistre de la guerre faisait d'efforts si constants, si*
« *désespérés, tentés dans des conditions de tempéra-*
« *ture affreuses, toutes ces pensées m'assaillirent, et*
alors.... l'accident est arrivé. » — *Le général Clin-*
chant est appelé au commandement de l'armée de
l'Est.

Loin de se ralentir, le pénible défilé de prisoniers
continue et augmente plutôt. Il en est de même
des nouvelles troupes que l'ennemi dirige sur
Le Mans pour combler les vides.

A Courtiras nous arrivent aujourd'hui, pour s'y
cantonner, 300 hommes, 150 chevaux et 30 chariots. Comment subvenir à l'alimentation de ce
convoi ?

De nouveau, le commandant allemand enjoint aux
cultivateurs de mettre leurs denrées en vente, leur
assurant toute sécurité dans les transactions. De
plus, tous les maires du canton sont invités à se
réunir à Vendôme, afin d'aviser au moyen le plus
pratique pour fournir aux troupes les fourrages nécessaires. Cette invitation était un ordre.
Toutefois les maires obtinrent du commandant de
place, non sans peine, que toutes les livraisons
seraient faites contre remboursement en monnaie
française.

VENDREDI 27 JANVIER

Le grand duc de Mecklembourg fait son entrée à Rouen.
— Les négociations continuent à Versailles entre

*M. Jules Favre et M. de Bismarck, assistés chacun
d'un général. Le feu des batteries allemandes sur les
forts et la capitale se ralentit.*

C'est jour de marché, et Vendôme est très
animé. Les denrées ne manquent pas, mais se
vendent à bas prix, relativement surtout à l'épui-
sement général.

La nouvelle se répand que l'armée de Paris aurait fait une heureuse sortie, qu'elle a réussi à
franchir les lignes prussiennes. Notre joie, hélas !
devait être de courte durée. Quelques heures plus
tard, non seulement ce bruit était démenti ; mais
l'horizon, loin de s'éclaircir, s'obscurcissait davantage, et les nouvelles les plus contradictoires
étaient mises en circulation. C'était pour nous le
présage de graves événements.

L'administration prussienne, qui dans ces derniers s'était départie un peu de sa sévérité, devient plus exigeante et plus soupçonneuse ; la
moindre infraction appelle des représailles terribles : qu'un coup de fusil retentisse, qu'un po-
teau télégraphique tombe par accident, immédiatement le maire ou un notable de la commune est
arrêté et mis sous séquestre. Souvent même la rigueur de l'autorité militaire est motivée par des
motifs plus futiles ; ce que veulent nos ennemis,
c'est terroriser, et amener ainsi les habitants à
une humiliante composition.

A Vendôme, c'est à tous les instants qu'ils cherchent querelle à la municipalité, et souvent pour
des vétilles, témoin ce jour où ils réclament une
indemnité, parce que l'ouvrier chargé de réparer

15

l'horloge de Saint-Martin s'est permis de regarder en dehors de l'une des fenètres du clocher.

La commandature profite de toutes les occasions pour exiger d'importantes redevances; aujourd'hui encore, elle imagine de mettre à la charge de la ville le montant des dépenses faites à l'hôtel Jonquet par le général qui y a séjourné, avec son état-major, du 16 décembre au 5 janvier : c'est une nouvelle imposition de 4,000 francs.

Nous avons dit déjà que la ville, à bout de ressources, avait dù contracter un emprunt de 40,000 francs ; à son tour, l'administration de l'hospice est obligée de recourir à un emprunt de 20,000 francs.

La municipalité est requise d'avoir à fournir, pendant dix jours consécutifs, 1,500 kilos de pain, 4 pièces de vin et 80 bouteilles de vin de choix pour les officiers.

Aujourd'hui, le pain est taxé à 2 fr. 15 les cinq kilos.

Les maires du canton sont convoqués à Vendôme, pour délibérer sur la question si importante des denrées. Dans cette réunion, il fut décidé que les cultivateurs disposant de paille, de foin ou d'avoine, auraient à apporter leurs fourrages au quartier de cavalerie, tous les jours, à 3 heures. Toute livraison leur serait immédiatement payée. Il fut, en outre, stipulé que les communes qui n'apporteraient pas leur quote-part seraient en butte à des réquisitions, sans toucher la moindre indemnité. Les Allemands n'admettaient pas que les ressources de certaines localités, par suite de leurs exigences même, étaient complètement épuisées. Tout raisonnement avec eux était inutile, et nous devions subir en silence la loi du vainqueur.

SAMEDI 28 JANVIER

Les forces de Bretagne s'organisent sous le commandement de Charette et de Cathelineau. — Une dépêche de M. Jules Favre, ministre des affaires étrangères, à la Délégation de Bordeaux, annonce qu'un armistice de vingt et un jours est convenu. Une assemblée est convoquée à Bordeaux pour le 15 février. Les élections sont fixées au 8 février. Les hostilités sont immédiatement suspendues. Par une faute inexplicable, le négociateur français néglige de comprendre dans la convention les troupes du général Bourbaki.

Complètement sans nouvelles, nous croyons remarquer chez nos ennemis un mouvement inaccoutumé et comme une certaine inquiétude. Les rumeurs de la veille seraient-elles fondées, et pouvons-nous espérer de voir luire pour nos armes des jours meilleurs? Un ordre nous enjoint d'avoir à fournir immédiatement chevaux et voitures pour, d'une part, ramener les blessés, de l'autre, conduire les munitions. C'était pour nous bien dur d'obtempérer à cet ordre, car les véhicules et les chevaux dont nous n'avions pas été dépossédés étaient à l'abri, au fond des carrières ; aussi, malgré les bons de réquisition qui nous sont présentés, signés des maires des communes, osons-nous nettement refuser, persuadés d'ailleurs que les choses vont changer de face. Bientôt même,

quelques enragés ne craignent pas de sortir leurs
fusils de chasse : cette fanfaronnade ne pouvait
qu'attirer sur la population tout entière des représailles d'une extrême rigueur.

DIMANCHE 29 JANVIER

*A la nouvelle de l'armistice, le désespoir, à Paris, est
immense ; jusqu'au dernier moment, on n'y avait pas
douté que l'armée de la Loire n'arrivât à percer les
lignes allemandes. Bientôt la sinistre réalité apparaît
tout entière, La moitié de la population va quitter Paris, sans songer qu'elle l'abandonne à de nouveaux
dangers.*

Cette agitation anormale, que nous avions con-
statée les jours précédents, se manifeste plus que
jamais aujourd'hui. C'est, sur les routes, un va-et-
vient continuel. Nous ne savions qu'en penser,
lorsque, en avant de Courtiras, un officier, quittant le détachement qu'il commande, s'avance vers
un groupe dont je faisais partie : « Messieurs, nous
dit-il, je peux vous apprendre qu'un armistice est
signé et que Paris s'est rendu. Maintenant nous ne
sommes plus vos ennemis ; soyons amis. » Cette
nouvelle nous bouleverse ; nous craignons d'être
encore mystifiés.

Nous nous rendons à Vendôme, espérant éclaircir ce qui nous semble un mystère. Qu'y voyons-
nous ? Un mouvement de troupes extraordinaire.
Nous ne comprenons rien à tout cela. Les soldats
sont réunis sur la place Saint-Martin, avec armes
et bagages ; rien absolument n'est resté dans les

logements. Le général passe la revue ; puis l'a-
lerte est donnée, et voilà toutes les compagnies
parties au pas gymnastique, dans la direction de
Blois ; de plus, la circulation sur cette route est
interdite à tout civil. Ces manœuvres sont en
complet désaccord avec ce que nous apprenions
tout à l'heure, avec la rumeur qui se répand que
Paris a capitulé. On se perd en conjectures.

Dans la soirée, toutes les troupes rentrent tout
tranquillement à leur logis. C'était une alerte si-
mulée.

LUNDI 30 JANVIER

*Des instructions pour l'exécution de l'armistice sont en-
voyées aux commandants des corps d'armée, avec
ordre de s'y conformer pour le 31 janvier, à midi. —
Les Allemands occupent Saint-Denis et tous les forts
de la capitale.*

L'ennemi, avec son simulacre d'alerte, nous
avait joués la veille. Les plus clairvoyants ne s'y
étaient pas mépris ; mais l'opinion générale était
que sa déroute était complète. De là à commettre
des imprudences, il n'y avait pas loin. C'est ce qui
arriva.

A Thoré se passèrent les incidents les plus
regrettables. Cette commune, par sa situation topographique, s'était trouvée en dehors des opérations militaires, et à peine avait-elle subi deux ou
trois fois des réquisitions un peu fortes. Ce jour-
là, un coup de feu fut tiré sur l'officier qui commandait le détachement envoyé en quête de vivres

et de fourrages. Ce lieutenant, heureusement, ne fut pas blessé, car la commune eût supporté de plus dures représailles. Le maire et deux autres habitants furent arrêtés, conduits à Vendôme, et leur rançon fixée à 10,000 francs. Plusieurs autres communes, qui n'avaient pas comme nous enduré toutes les souffrances de la guerre, furent alors inquiétées et imposées d'une façon toute particulière.

Nous devons rappeler ici la fin tragique du charpentier Bigot, de Courtiras, qui, surpris une arme à la main, fut impitoyablement fusillé au carrefour du village. Quelques jours plus tard, sous prétexte que la fille de notre infortuné compatriote était la filleule adoptive de l'impératrice, comme étant née le même jour que le prince impérial, les Prussiens incendièrent, sans autre motif, la maison qu'il avait construite lui-même pour abriter sa famille.

MARDI 31 JANVIER

Le général Chanzy adresse un ordre général aux officiers et aux soldats de la deuxième armée, et les invite énergiquement à profiter du repos que leur impose l'armistice pour se préparer à reprendre la lutte, si des prétentions orgueilleuses rendent une paix honorable impossible. — Dans l'Est, l'ennemi continue ses opérations contre Belfort et contre l'armée du général Clinchant, massée, à Pontarlier, sur la frontière suisse.

L'armistice, aujourd'hui, est indiscutable. A

son de clochette, nous en sommes informés par un avis signé du maire de Vendôme et du commandant de place allemand.

Le rideau est levé maintenant. Hélas, c'est pour constater l'étendue de nos malheurs !

En présence de tous les désastres que nous avons subis, des pertes irréparables qui nous affligent, de pénibles réflexions nous obsèdent. Les diverses circonstances qui ont accompagné la déclaration de cette guerre, si follement engagée, si tristement poursuivie, et qui va se terminer par un traité aussi onéreux, nous reviennent à l'esprit. Tant de sang versé, tant d'intérêts compromis, pour en arriver à de pareilles humiliations ! Et malgré ces terribles exemples, l'humanité ne désarmera pas ! Des peuples qui se targuent de marcher à la tête de la civilisation, n'ont qu'un but, aujourd'hui plus que jamais : augmenter leur puissance militaire, et recourir aux moyens les plus barbares pour régler leurs différends.

L'état civil de la commune de Vendôme accuse, pour le mois de janvier, 86 décès civils. En outre, y figurent 123 décès de soldats français recueillis par les ambulances. A ces chiffres il faut ajouter ceux des nôtres morts en combattant, ou dont l'identité n'a pu être suffisamment établie. C'est par exception que quelques décès d'Allemands ont été consignés sur les registres de l'état civil.

———✳———

L'armée française de l'Est, forte de 80.000 hommes en-
viron, qui, fait inconcevable, n'avait pas été comprise
dans la convention du 28 janvier, menacée de près
par l'ennemi, est obligée d'entrer en Suisse. Le géné-
ral Clinchant signe une convention avec M. le géné-
ral Herzog, plénipotentiaire de la Confédération hel-
vétique.

Nous espérions qu'à la suite de l'armistice,
l'administration allemande se départirait un peu
de ses exigences, de la rigueur qu'elle avait toujours montrée. Il n'en est rien. Si nous jouissons
d'une liberté plus grande dans nos mouvements,
il nous faut continuer à pourvoir au logement et à
l'alimentation de l'ennemi : loin de s'amoindrir,
cette charge devient plus lourde, car l'état-major
allemand met à profit l'armistice, pour compléter
les cadres, et ramener compagnies et escadrons
à leur effectif normal. Il n'est pas de jour où nous
ne voyions défiler des bataillons entiers de jeunes
recrues, destinés à combler les vides qu'ont faits
dans l'armée les maladies ou la lutte. Nous ne
sommes pas au bout de nos misères, car bientôt
toutes ces troupes feront retour en Allemagne, et,
par conséquent, traverseront une seconde fois le
Vendomois.

Malgré les attaques multipliées de l'ennemi, Belfort con-
tinue à résister avec un héroïsme que rien ne peut abat-
tre. Le colonel Denfert se refuse à toute entente, à

*tout compromis, et convient avec le maire, M. Mény,
que si la résistance devient impossible, les obus venant à manquer, le château sautera avec ses défenseurs au moment même où les Prussiens entreront
dans la ville.*

On s'était trop pressé d'ouvrir certaines cachettes et de mettre en usage tant d'objets dont on
avait été privé si longtemps. En présence de la
rapacité des nouvelles troupes qui arrivaient à
chaque instant, il nous fallut bientôt rétablir ces
cachettes. Les réquisitions recommencent de plus
belle, et nous voyons arriver de longues files de
chariots aux roues basses, qui effraient à juste titre nos campagnards, car ce sont des maraudeurs,
des gens sans aveu, à mine suspecte, qui les
conduisent. Et malheur à ceux qui ont maille à
partir avec ces sinistres personnages ! la loi martiale leur est appliquée dans toute sa rigueur.

Le commandant de place exige que le lendemain, jour de foire, il soit fourni aux troupes une
double provision de pain, viande, vin et fourrages. Le fardeau administratif devenait insupportable, et il fallait un grand dévouement aux intérêts
de la commune, pour en accepter toutes les charges. On s'explique mal que les représentants du
Gouvernement, préfets et sous-préfets, après avoir
poussé à la défense, aient si promptement abandonné leur poste, à l'approche de l'ennemi. Si leur
pouvoir restait sans action, du moins auraient-ils
assisté les municipalités de leurs conseils, et aidé
peut-être à aplanir certaines difficultés.

VENDREDI 3 FÉVRIER

Protestation énergique de M. de Bismarck contre les restrictions que la Délégation de Bordeaux voulait apporter à la liberté électorale. Sa voix est écoutée : les élections seront faites en toute liberté.

La foire amène à Vendôme de nombreux cultivateurs. Les denrées sont presque suffisantes ; mais la vente est difficile et les prix tendent à baisser. Cela ne fait pas l'affaire de nos producteurs, qui ont à remonter complètement leurs fermes.

Il est naturellement question de l'armistice. Beaucoup se refusent encore à y croire, et s'imaginent que les Prussiens veulent nous duper. Tout raisonnement est inutile.

SAMEDI 4 FÉVRIER

Un décret du Gouvernement de Paris annule celui qu'a publié la Délégation de Bordeaux relativement aux élections. M. Gambetta donne sa démission de membre du gouvernement de la défense nationale et de ministre de la guerre.

Le service de la poste, plusieurs fois rétabli, puis interrompu, reprend enfin son cours à peu près régulier. Avec quelle avidité on ouvre ces lettres écrites depuis de si longs jours déjà, et dont quelques-unes sont datées du début de l'invasion ! La plupart, en vertu de l'état de siège, ont été décachetées par l'administration allemande.

Nos places sont occupées par des troupes qui,

plusieurs heures durant, exécutent des manœuvres avec une précision surprenante.

L'octroi, qui n'avait plus fonctionné depuis le
15 décembre, rouvre ses bureaux, et le tarif des
droits d'entrée est appliqué même sur les approvisionnements destinés au corps d'occupation.

Il nous semble, du reste, que nous sommes libres de nos actes. Un placard, émané de l'autorité française et affiché par ses soins, convoque les
électeurs pour le 8 février, à l'effet de nommer
leurs représentants à l'Assemblée nationale.

En outre, deux régiments et divers détachements quittent Vendôme et ses environs; nous
allons donc être rendus un peu à nous-mêmes.

DIMANCHE 5 FÉVRIER

*Des difficultés surgissent dans le Nord, à propos de la
délimitation de la zone neutre qu'a spécifiée l'armistice. C'est ainsi que la ville de Vervins, qui jusqu'ici
avait échappé à l'occupation, est, d'après la zone pres-
crite par l'autorité militaire allemande, appelée à recevoir une garnison de 2,000 hommes. D'énergiques
réclamations sont formulées par cette ville ; mais
le général allemand persiste dans ses prétentions, et
la paix impose à Vervins une charge qu'elle n'avait
pas supportée durant la guerre.*

C'est une véritable caravane qui passe le matin
sous nos yeux. Cette fois les chariots, conduits
comme toujours par de vieux juifs, à l'air sordide
et rapace, remontent sur Orléans, chargés de
butin provenant de pillages, ou saisi sur les

morts ou les blessés qui gisent sur le champ de bataille. Quelle plaie pour nos campagnes que ces vilaines gens, véritables oiseaux de proie, qui suivent ainsi l'armée allemande !

Quelques journaux nous parviennent ; ils nous renseignent enfin sur la situation exacte de notre pays, et nous font connaître les restrictions que la Délégation de Bordeaux a voulu apporter à la liberté électorale. Pour mémoire, nous reproduisons l'article 15 du décret de convocation des électeurs, signé : Ad. Crémieux, Gambetta, Glais-Bizoin, Fourichon.

Art. 15 — Sont exclus de l'éligibilité les membres des familles qui ont régné sur la France depuis 1791. Sont nuls, de nullité absolue, les bulletins de vote portant les noms des personnes désignées dans le présent article. Ces bulletins ne seront pas comptés dans la supputation des votes.

Voilà comment la Délégation de Bordeaux comprenait la liberté en matière d'élection ! Sur la protestation de M. de Bismarck, nous le répétons, une mesure législative du Gouvernement de Paris rapporta ce décret, et MM. Garnier-Pagès, Eugène Pelletan, Em. Arago, furent envoyés à Bordeaux, avec mission de faire appliquer le décret de Paris.

Le journal de l'arrondissement, *Le Loir,* qui a dû cesser de paraître depuis le jour où Vendôme a subi l'invasion, reprend aujourd'hui sa publication régulière, mais il doit se soumettre au visa du commandant allemand.

« Plusieurs citoyens de la ville de Vendôme, lisons-nous dans ce premier numéro, se sont spontanément réunis à la sous-préfecture, pour se concerter au sujet des élections à l'Assemblée nationale. Après avoir discuté longuement les moyens propres à employer, dans les circonstances actuelles, afin d'arriver à une entente et à la conciliation, l'assemblée a adopté la rédaction suivante :

« Vendôme, 5 février 1871.

« Messieurs les Electeurs,

« L'Assemblée nationale sera élue mercredi prochain. Notre département aura 5 Représentants.

« Les candidats ne peuvent se présenter devant vous ; ils ne peuvent vous adresser leur profession de foi. Il faut que vos suffrages aillent les chercher : aucun ne refusera un mandat qui peut devenir périlleux, mais glorieux aussi.

« La question que l'Assemblée devra résoudre, est-la plus formidable qui ne se soit jamais posée devant une nation. Il s'agit d'être ou de n'être pas.

« Choisissons des représentants qui connaissent l'esprit de notre département, et qui en puissent porter la sincère expression au grand conseil de la France.

« Nous nous sommes spontanément réunis, et l'élection préparatoire à laquelle nous avons procédé a donné les noms qui suivent :

M. JEANNOTTE-BOZÉRIAN ;
M. MOISSON ;
M. TASSIN ;
M. ANDRAL ;
M. DUCOUX. »

Pour être complet, ajoutons que les noms de MM. Lecouteux, de la Panouse, Thiers, Boinvilliers, Couteau, Riffault, de Sers, Cantagrel, V.

Lefebvre et G. Sarrut, figuraient sur d'autres
listes.

LUNDI 6 EÉVRIER

Le colonel Denfert est obligé, après soixante-huit jours de
bombardement, d'abandonner les redoutes des Per-
ches. La situation était critique : dans Belfort il n'y
avait plus rien à détruire. Malgré tout, la garnison
continue la lutte avec une suprême énergie.

En présence des abus que commettaient les
troupes allemandes, qui, en dépit des instructions
qui leur avaient été transmises, continuaient à réquisitionner nos cultivateurs, sans leur doner les
moyens de se faire rembourser, une députation
des habitants de la banlieue vient trouver, rue
Guesnault, le commandant de place et lui expose
la situation. Leur réclamation est acueillie ; le
colonel allemand leur fait remettre, pour être pla-
cardées, plusieurs affiches, dont le libellé, en lan-
gue allemande, peut être ainsi traduit :

AVIS PARTICULIER A LA COMMUNE
DE VENDOME

Le général en chef rappelle que ses instructions rela-
tives aux réquisitions doivent être strictement exé-
cutées.

Les réquisitions ne peuvent être faites que par des
corps ou détachements en marche, et alors qu'il y a impossibilité pour l'administration de pourvoir aux besoins de ces corps ou détachements. Quand l'armée est
cantonnée ou occupe des postes fixes, et c'est le cas ac-
tuel, l'Intendance seule a le droit de réquisition dans le

pays, et chaque intendant de corps d'armée doit ùtili.
ser les ressources des localités, en avant et en arrière
des positions qu'occupent les corps dont il doit assurer
la subsistance, en évitant d'empiéter sur les localités
voisines, qui doivent être laissées à la disposition des
corps qui les occupent.

Le commandant de place,

Pfuhl.

Vendôme, 6 février 1871.

MARDI 7 FÈVRIER

*Le ravitaillement de Paris s'opère dans de bonnes condi-
tions, suivant les termes du traité. Vingt-quatre trains
de cinquante wagons chacun entrent chaque jour dans
la capitale, jusqu'à ce que les approvisionnements pré-
vus par les conventions, 66,500 têtes de bétail et
52,500 tonnes de toute nature, aient été atteints.*

C'est aujourd'hni, aux abords de notre ville, un
mouvement continuel. Les troupes n'ont pas un
instant de répit : du matin au soir, les marches
succèdent aux exercices. Que la guerre se pour-
suive, ces nouvelles recrues seront rompues à la
fatigue.

L'administration française nous enjoint de pro-
duire dans le plus bref délai un état consta-
tant :

1° La nature et l'importance des réquisitions
exercées par l'ennemi ;

2° La nature et l'importance des dommages
causés aux propriétés particulières ;

3° Les actes de violence ou les voies de fait dont les habitants ont eu à souffrir.

Il est regrettable que ce travail n'ait pas été fait avec tout le soin voulu. Nous devons malheureusement ajouter que la répartition des indemnités se fit, plus tard, d'une façon parfois peu équitable.

Le bureau de bienfaisance de Vendôme émet, avec l'autorisation du conseil municipal, un emprunt de huit mille francs, destiné à subvenir aux besoins urgents de la population indigente.

MERCRREDI 8 FÉVRIER

Le général Chanzy quitte Laval par un train spécial et arrive à Paris, où il expose, en séance du conseil du Gouvernement, la situation exacte de la province. Il est décidé que, tout en attendant la réunion de l'Assemblée nationale et sa décision, devant laquelle on n'aura plus qu'à s'incliner, les préparatifs de défense seront continués, et que la deuxième armée commencera immédiatement ses mouvements pour passer sur la rive gauche de la Loire.

Jour d'élection. Nous n'avons aucun incident particulier à consigner.

Disons toutefois que les opérations électorales eurent lieu en toute liberté, sans pression soit de l'administration française, soit de l'autorité allemande.

Nous devons le reconnaître ici, tous les services que dirigent les Allemands dans notre ville ambulances, hospice et bureau de poste, ne lais-

sent rien à désirer. Certaines lettres sont encore
ouvertes, et les journaux font le silence sur bien
des faits que nous aurions grand intérêt à connaître ; mais, nous ne devons pas l'oublier,
nous sommes à la discrétion de nos ennemis.

JEUDI 9 FÉVRIER

*En informant les préfets qu'il résigne ses fonctions de
membre du gouvernement, M. Gambetta les remercie
du concours patriotique qu'il a toujours trouvé en eux.
— L'ennemi occupe, avec 12,000 hommes, les forts et
les redoutes qui entourent la place de Belfort.*

Pour la première fois, nous voyons défiler
des troupes venant du Mans et retournant en
Allemagne ; parmi elles, nous distinguons 300
hussards de la Mort, ainsi dénommés parce que
leur coiffure en porte les attributs.

La ville est encombrée de voitures de toute
sorte ; on a peine à circuler, même dans les voies
les plus larges.

Par ordre du commandant de place, le pont de
Naveil et les autres ponts sur le Loir sont rétablis
en passerelles, aux frais des communes.

L'affiche suivante est placardée dans tout le
Vendomois :

« Par ordre de Sa Majesté l'Empereur et Roi, les départements de l'Eure, de la Sarthe, d'Indre-et-Loire, du
Loiret, de Loir-et-Cher, de l'Yonne, ainsi que la partie
du département de l'Orne actuellement occupée par les

16

troupes allemandes, sont placés sous l'administration du gouvernement général du nord de la France.

« Versailles, le 7 février 1871.

« *Le gouverneur général,*

« DE FABRICE. »

VENDREDI 10 FÉVRIER

En même temps que le général Chanzy quitte Paris, pour venir reprendre, à Laval, le commandement de la deuxième armée de la Loire, le prince Frédéric-Charles, qui avait été appelé en conférence à Versailles, se rend à Tours et reprend son commandement.

Jour de marché. Grâce aux garanties qu'a données l'administration allemande, la confiance renaît dans nos campagnes ; comme preuve nous en avons la foule des cultivateurs qui se sont donné rendez-vous à Vendôme. Toutefois, les approvisionnements sont à peine suffisants, et les transactions sont difficiles.

SAMEDI 11 FÉVRIER

Le général Chanzy donne à son armée les instructions nécessaires pour organiser la défense du pays et la résistance, dans le cas où l'Assemblée nationale déciderait la reprise des hostilités à l'expiration de l'armistice. Puis, laissant au général de Colomb le commandement des troupes, il se rend à Bordeaux, le département des Ardennes venant de l'élire député à l'Assemblée nationale.

Heureux, dit-on, les peuples qui n'ont pas d'his-

toire! Notre ville peut se croire heureuse aujour-
d'hui. Un calme absolu y règne : aucun mouvement de troupes ; c'est un repos complet. Nous
n'en songeons que davantage à tous les maux, à
toutes les humiliations dont notre malheureux
pays est abreuvé.

DIMANCHE 12 FÉVRIER

*Première réunion à Bordeaux de l'Assemblée nationale,
qui désigne M. Thiers, élu à la fois par vingt-six départements, pour discuter avec M. de Bismarck les
conditions de la paix.*

La poste nous apporte de nombreuses corres-
pondances ; la plupart des lettres ont été ouvertes,
toutes portent le cachet spécial de la police allemande.

Les troupes arrivent en grand nombre, et c'est
l'administration allemande qui s'occupe elle-même
de distribuer les logements pour la ville et la banlieue.

Les fils du télégraphe ont été coupés ce matin.
Le coupable n'étant pas connu, c'est la municipalité qui encourt la responsabilité de ces avaries.

LUNDI 13 FÉVRIER

*M. Jules Favre déclare à l'Assemblée nationale que le
Gouvernement de la défense nationale dépose ses pouvoirs entre les mains des représentants du peuple.*

Les régiments arrivés hier reçoivent l'ordre de
tenir garnison à Vendôme. Aussitôt les manœu-

vres commencent; les recrues s'exercent sur la
promenade des Prés-aux-Chats, d'autres à Lis-
lette ou sur la place Saint-Martin. Un détachement se rend à Villiers pour y cantonner.

Ainsi que nous l'avons constaté plus d'une fois
déjà, aucun instant n'est perdu pour l'instruction
des hommes. A tour de rôle, les compagnies se
rendent sur le champ de tir de la Garde, là où naguère se livrait le combat acharné que nous avons
relaté, et s'y exercent sans désemparer.

MARDI 14 FÉVRIER

*Nouvelle sommation au général Denfert de rendre la
place de Belfort, sous menace d'un bombardement
plus énergique. Le général ne répond pas, et refuse de
s'en rapporter à la dépêche que lui communique l'ennemi, signée Picard et Bismarck, et par laquelle le
gouvernement français « autorise le commandant de
Belfort, vu les circonstances, à consentir à la reddition de la place. »*

Ces allées et venues continuelles de troupes,
qu'il faut largement alimenter, constituent pour
notre ville une bien lourde charge. Les ressources
sont épuisées, aussi le conseil municipal doit-il
voter un nouvel emprunt de 8,000 francs.

Nous pouvons espérer maintenant voir enfin
le terme des opérations militaires de cette longue
et sanglante lutte que la France vient de soutenir.
Nous allons entrer dans une autre période, celle
des indemnités. Les flots de sang vont s'arrêter;
mais c'est au prix de flots d'or que nous recou-
vrerons notre liberté.

*Nouvelles instructions du général Chanzy, réglant
la marche des troupes.*

Par ordre supérieur, le département de Loir-et-Cher est imposé d'une contribution de quatre millions, avec cette menace que, s'ils ne sont pas fournis en temps voulu, des exécutions militaires auront lieu.

La somme demandée au canton de Vendôme, pour sa quote-part, s'élève à 365,000 francs.

De telles exigences émeuvent vivement la population, et il est décidé que chaque canton de l'arrondissement nommera des délégués pour traiter, s'il est possible, avec l'autorité allemande. La commune de Vendôme choisit pour délégués MM, Belot et Berger, adjoints, Ch. Chautard et Ferrand, conseillers.

D'autre part, l'administration allemande communique à la municipalité de Vendôme un ordre de l'état-major général, par lequel, pendant la durée de l'armistice, les troupes prussiennes seront nourries par les habitants des départements qu'elles occupent. Si les provisions venaient à manquer, des réquisitions pourront être faites dans un rayon déterminé.

Chaque jour, il devra être délivré aux hommes : le matin, le café ou une soupe ; à midi, une soupe, de la viande, des légumes et un demi-litre de vin ; le soir, une soupe et du fromage.

Par homme il sera fourni 500 grammes de viande et un kilo de pain.

C'était une nouvelle charge pour notre contrée, qui avait déjà payé un si lourd tribut à l'envahisseur.

JEUDI 16 FÉVRIER

Reddition de Belfort. En raison de sa valeureuse défense, la garnison sort librement avec les honneurs de la guerre, emportant drapeaux, armes et bagages. Le colonel Denfert affirme qu'il aurait pu tenir encore près de trois mois, à moins que les maladies, qui avaient commencé à sévir, ne fussent devenues trop intenses.

Nous entendons de nouveau les cloches de nos deux paroisses, depuis si longtemps muettes ; aujourd'hui, hélas ! c'est pour sonner des glas funèbres. L'interdiction des cloches est, du reste, levée dans chaque commune.

Vendôme et sa banlieue regorgent de troupes. 100 chevaux et de nombreuses voitures sont cantonnés à Courtiras. Un bataillon de chasseurs brunswickois, depuis longtemps en garnison à Vendôme, est dirigé sur Montoire et La Chartre. Un bataillon d'infanterie et six batteries d'artillerie viennent prendre sa place dans notre ville.

VENDREDI 17 FÉVRIER

Après la vérification des pouvoirs, l'Assemblée nationale acclame M. Thiers comme chef du pouvoir exécutif, malgré les récriminations d'une infime minorité.

Nous connaissons enfin les résultats complets de l'élection du 8 février.

Sont nommés, pour représenter le département de Loir-et-Cher, MM. Bozérian, Thiers, Ducoux, de Sers et Tassin.

Une machine entre en gare à Vendôme, arrivant directement de Paris. Plusieurs ingénieurs sont venus reconnaître l'état de la ligne. On peut espérer que le service sera repris régulièrement dans quelques jours.

Nous avons à signaler de grands mouvements de troupes.

SAMEDI 18 FÉVRIER

L'armistice est prolongé de cinq jours. Le général de Colomb en profite pour accorder un séjour aux troupes en marche et leur procurer un repos nécessaire.

Nous apprenons la mort de M. Gabriel Peltereau, lieutenant de vaisseau, tué à l'attaque du Bourget, le 21 décembre 1870.

M. Lecanu, préfet de Loir-et-Cher, donne sa démission.

L'ennemi veut-il nous donner le change, et laisser croire que les hostilités sont à la veille de reprendre? Toujours est-il que le va-et-vient des convois et des troupes continue de plus belle, et que les réquisitions recommencent de tous côtés.

DIMANCHE 19 FÉVRIER

Dans un discours plein d'élan et de patriotisme, M. Thiers remercie l'Assemblée nationale de la périlleuse mission qu'elle vient de lui confier, et fait connaître la

composition du ministère qu'il a constitué.— L'Assem-
blée nomme une commission de quinze membres,
qu'elle charge de négocier la paix en son nom.

Nous sommes sans nouvelles du dehors. Quelques journaux nous parviennent cependant, mais
ceux-là seuls que désigne le bon plaisir allemand.

A dater de ce jour, nous pouvons correspondre
directement avec Paris, et même cacheter nos lettres.

Toute la journée des régiments se croisent dans
nos rues. Au plus fort de la guerre, l'on ne con-
statait pas plus de mouvement, plus d'agitation.

LUNDI 20 FÉVRIER

L'armée de la Loire occupe complètement les positions
nouvelles qui lui ont été assignées, prête à tout événe-
ment.

En même temps que l'autorité allemande nous
impose une contribution exorbitante, elle se sub-
stitue complètement à l'administration française,
ainsi que le prouve le placard suivant, affiché dans
toutes les communes du département.

« S. M. l'Empereur d'Allemagne vient de nommer
préfet de Loir-et-Cher M. Adolphe Shoen, et M. Edouard
Langhans secrétaire général auprès de la préfecture du
susdit département.

« Nous, préfet de Loir-et-Cher, considérant qu'il importe d'assurer l'exercice des divers services publics,

ainsi que la prompte et complète exécution des décisions officielles dans toutes les communes du départetement ;

« Arrêtons :

« 1° Les sous-préfectures sont supprimées.

« 2° Les maires des chefs-lieux de canton sont délégués pour faire exécuter, dans toutes les communes rurales de leur canton, les décisions de l'autorité supérieure concernant l'administration publique.

« La répartition des impôts et le recouvrement des impôts devront s'effectuer régulièrement, même dans les parties du département qui, par suite de leur situation topographique, n'ont pas été militairement occupées.

« 3° Le présent arrêté sera publié et affiché, par les soins des maires des chefs-lieux de canton, dans toutes les communes du département.

« Blois, le 17 février 1871.

« *Le Préfet de Loir-et-Cher*,

« Ad. Schoen. »

Par ordre de l'empereur d'Allemagne, le département de Loir-et-Cher est placé sous le gouvernement général de la France.

Un avis daté de Versailles, signé du gouverneur général de Fabrice, rappelle que tout individu n'appartenant pas à l'armée qui sera surpris les armes à la main, ou causera le moindre dommage aux troupes en marche, sera traduit en conseil de guerre. Les communes, dans le district desquelles des dégâts auront été commis, seront responsables. L'amende prononcée sera proportionnelle au chiffre de la population, à ses ressources et à l'importance du délit.

Afin d'éviter tout conflit avec l'autorité allemande, qui cherche tous les prétextes pour exiger
de nouvelles contributions, la municipalité de
Vendôme invite tout habitant qui détiendrait des
armes à venir les déposer à la mairie.

Le conseil municipal est convoqué pour sta-
tuer sur l'imposition excessive qu'exige l'administration préfectorale. Il déclare que la ville est dans
l'impossibilité absolue, après toutes les charges
qu'elle a subies, de fournir plus de vingt-cinq
mille francs. C'est, quoi qu'il arrive, le dernier sa-
crifice qu'elle puisse consentir.

MARDI 2I FÉVRIER

M. Thiers arrive à Versailles, et commence avec M. de
Bismarck cette longue discussion qui devait aboutir
aux préliminaires de paix.

Bien que nous puissions espérer aujourd'hui
que la paix sortira des négociations entamées, nos
appréhensions sont grandes encore ; et comment
en pourrait-il être autrement, avec les exigences
croissantes de nos ennemis ? Notre administration
municipale a fait preuve, dans ces mauvais jours,
d'une grande sagesse, d'un dévouement absolu,
et les Vendomois ne sauraient oublier les services
que leur ont rendus, comme maires, M. Moisson,
et, pendant la captivité de ce dernier, M. G. Launay. Ajoutons que le conseil municipal tout entier
a puissamment aidé, dans leur mission délicate et
périlleuse, nos deux honorables concitoyens.

La situation, aujourd'hui, est des plus critique. Aucune commune n'est en mesure de verser la contribution qui lui a été attribuée, et le délai fixé par le vainqueur est expiré. Les maires du canton se réunissent à Vendôme, et, après s'être consultés, déclarent que rien ne justifie les prétentions allemandes, qui sont, pendant une période d'armistice, une violation flagrante du droit des gens. Le canton, si les sommes exigées ne sont pas de beaucoup réduites, est tout prêt à subir les rigueurs militaires dont on le menace.

Les malades allemands en état de supporter le voyage quittent l'ambulance du Lycée, et sont dirigés sur Orléans. 15 voitures sont réquisitionnées à cet effet.

MERCREDI 22 FÉVRIER

Les négociations entamées entre M. Thiers et M. de Bismarck, qui appelle à son aide M. de Moltke, seront longues ; dans cette prévision, l'armistice est prolongé jusqu'au 26 février, à minuit.

Sans renseignements sur ce qui se passe au dehors, notre attention se trouve naturellement ramenée sur les faits que nous avons sous les yeux. Celui qui a vu de près et étudié, comme nous l'avons pu faire, la façon dont la Prusse façonne ses soldats, ne peut être surpris de l'obéissance passive, servile, qui fait la force de nos ennemis. Les recrues n'ont pas un instant de liberté: elles ont à répondre à trois appels par jour, et plusieurs heures durant on les oblige à décomposer ce lourd et mathématique pas allemand

qu'il nous semble encore entendre. La discipline
qu'on exige de ces tout jeunes gens est d'un rigo-
risme tel, qu'il n'est pas rare d'en voir attachés à
un arbre; là ils reçoivent, sans broncher, la cor-
rection humiliante que leur a valu le moindre
écart à la règle. Et, à côté de ces brutalités, que
réprouve la raison, nous devons le reconnaître,
l'officier prend un soin extrême de tous ses hommes, et veille à ce que rien d'essentiel ne leur manque, à ce que toute fatigue inutile leur soit évitée.
C'est à ces ménagements, à cette sollicitude du
chef pour ses soldats, que Napoléon Ier savait si
bien mettre en pratique, que sont dus en partie
les succès des Allemands.

Pendant que les recrues s'exercent, leurs aînés
ne perdent pas une minute. L'emploi de la journée est réglé de la façon la plus précise: aux manœuvres de sections succèdent les revues, le tir à
la cible; les armes sont réparées, le matériel d'artillerie, les voitures et les caissons sont peints à
nouveau. La paix semble assurée; mais on ne
s'en douterait pas, à voir tout ce mouvement, toute
cette activité

JEUDI 23 FÉVRIER

*Malgré les efforts réitérés de M. Thiers pour conserver
Metz à la France, nous devons subir la perte de la
Lorraine.*

Les officiers profitent du temps qu'il leur reste
à séjourner parmi nous, pour relever sur les lieux
les plans des combats qui ont eu lieu à Vendôme

et dans les environs ; ils se font assister, dans ce travail, par les habitants intelligents qui peuvent leur fournir des renseignements précis.

Le conseil municipal vote un emprunt de vingt-cinq mille francs, pour parer aux exigences de l'occupation.

VENDREDI 24 FÉVRIER

M. Pouyer-Quertier est nommé ministre des finances. Ainsi se trouve complété le nouveau ministère, dont font partie déjà MM. Dufaure, Jules Favre, Picard, Jules Simon, de Larcy, Lambrecht, le général Le Flô et l'amiral Pothuau.

Après avoir eu toute confiance dans l'issue pacifique des négociations de Versailles, nous nous prenons à douter aujourd'hui. L'inquiétude renaît à ce point, que plusieurs Vendomois affirment avoir entendu dans le lointain la sourde voix du canon.

Nous sommes avides de nouvelles, et aucune ne transpire. L'ennemi, qui au fond n'en sait peut-être guère plus que nous, affecte des allures de plus en plus mystérieuses ; et ce mouvement inusité de troupes et de convois qui se croisent en tous sens n'est pas fait pour nous rendre l'espoir.

Depuis quelques jours, les officiers supérieurs s'appliquent surtout à refaire leurs cadres, qui ont été, comme les nôtres, très éprouvés par cette lutte aussi longue que sanglante.

SAMEDI 25 FÉVRIER

Afin de faciliter la ratification des préliminaires de paix,
l'armistice est prolongé jusqu'au 12 mars. Il est en
même temps stipulé que la partie de la ville de Paris,
à l'intérieur de l'enceinte, comprise entre la Seine, le
faubourg Saint-Honoré et l'avenue des Ternes, sera
occupée par des troupes allemandes, dont le nombre
ne dépassera pas 30,000 hommes.

Celui qui n'a pas vu notre ville ce jour-là, peut
très difficilement se figurer l'encombrement qu'y
produisaient ces allées et venues continuelles de
soldats, de matériel, ces longues files de voitures,
réquisitionnées pour la plupart, et que condui-
saient, bien contre leur gré, des cultivateurs de la
Sarthe. Pas une place n'est libre dans nos maisons ; aux plus mauvais jours de la campagne,
nous n'avons jamais constaté une pareille invasion ; c'est surtout à Saint-Mars, au croisement
des routes du Mans et du Bas-Vendomois, que
s'enchevêtrent les troupes et les convois, malgré
la précision que l'armée allemande apporte dans
tous ses mouvements.

Depuis quelques jours, nos hôtes semblent
moins traitables ; partout l'on se plaint de leur
rudesse, de leurs exigences. Les négociations
de paix n'aboutiraient-elles pas, et auraient-ils
perdu l'espoir de rentrer enfin dans leurs foyers ?
Toujours est-il que, sans prétexte souvent, des
discussions et des rixes se produisent de plusieurs côtés.

A Vendôme même, se passe un fait des plus

regrettables. Le jeune Gaëtan Hutpin, en défendant son père, que maltraitaient trois Prussiens avinés, est lâchement assassiné par eux.

Cet acte odieux soulève l'indignation générale, d'autant plus que ce malheureux jeune homme jouissait d'une profonde estime. L'autorité allemande, redoutant sans doute les suites d'un meurtre si lâche, garde, contre son ordinaire, un calme absolu.

DIMANCHE 26 FÉVRIER

Signature à Versailles des préliminaires de paix. Si les conditions du traité étaient écrasantes, du moins la patriotique obstination de M. Thiers avait-elle arraché au vainqueur une concession capitale : Belfort demeure à la France.

Un arrêt subit dans les mouvements de l'ennemi nous permet de croire que les négociations ont enfin abouti. Nous allons donc pouvoir respirer bientôt plus librement, reprendre possession de nous-mêmes et de nos demeures. On frémit de rage, quand on songe à tout ce que notre malheureux pays a versé de sang, prodigué de trésors, subi d'humiliations, pour en arriver à ce traité que n'auraient jamais osé prévoir notre patriotisme, notre orgueil national ! Nous, à qui depuis longtemps la fortune avait constamment souri, qui avions imposé nos conditions en Crimée, en Italie, nous voici obligés de subir celles d'un vainqueur qui n'a qu'un but : nous écraser, pour rendre pendant un long temps notre revanche impossible !

LUNDI 27 FÉVRIER

Après avoir donné l'ordre aux avant-postes de s'abstenir
de tout acte d'hostilité, le général Chanzy quitte son
armée, et se rend à Bordeaux pour assister au grand
débat qui va s'ouvrir.

Ce matin, à 9 heures, ont lieu les funérailles
du jeune Gaëtan Hutpin, odieusement assassiné,
ainsi que nous l'avons dit plus haut, par des soldats prussiens. Chacun s'est fait un devoir d'assister à cette triste cérémonie: le conseil municipal, les administrations, les écoles, la population
presque tout entière, ont accompagné jusqu'au
cimetière cette malheureuse victime, dont l'é-
loge est dans toutes les bouches. Sur tout le
parcours du cortège, les magasins et les maisons
particulières sont fermés en signe de deuil. Sur
la tombe, M. Lagoguey, professeur au Lycée,
a prononcé, d'une voix émue, quelques paroles
d'adieu.

Ajoutons que, quelques jours plus tard, sur la
proposition du maire, M. Moisson, qui affection-
nait particulièrement Hutpin, l'un de ses commis
de banque, le conseil municipal décidait que la
ville prenait à sa charge les frais funéraires, et
que, sur le terrain du cimetière, concédé à perpé-
tuité, s'élèverait un modeste monument en l'honneur de notre jeune et infortuné concitoyen.

Fort embarrassés de la conduite à tenir, les
Prussiens ne s'opposèrent à aucune de ces dé-
monstrations.

MARDI 28 FÉVRIER

L'Assemblée nationale approuve les préliminaires de paix. Cette grave décision est ratifiée en séance publique, le lendemain 1er mars, par 546 voix contre 107.

Nous voici à la veille de voir l'ennemi reprendre le chemin de la frontière. Les pensées les plus douloureuses assaillent notre esprit, quand nous nous rappelons les souffrances qu'il nous a fallu endurer, les humiliations que nous avons subies durant six mois. Ils vont donc enfin s'éloigner ces hommes qui, partout, ont laissé sur leur passage des traces sanglantes, ignominieuses! Nos maisons ont été contaminées de la façon la plus odieuse. Parviendrons-nous jamais à les laver de tant de souillures?

Les exigences allemandes sont un peu moindres aujourd'hui. Bien que les mouvements de troupes soient toujours considérables, la Commandature n'exige plus que 400 kilos de viande et la même quantité de pain, au lieu de 1,200 kilos fournis les jours précédents.

Pendant le mois de février, le bureau de l'état civil a enregistré 74 décès civils et 40 décès militaires. Nous ferons observer que nombre de soldats ont succombé dans les ambulances, sans qu'il en ait été fait mention à la mairie.

———

17

Nous voici maintenant à peu près chez nous. L'administration civile allemande fait place à notre municipalité. Nous allons donc pouvoir librement gérer nos affaires.

Les voitures publiques reprennent leur service régulier à partir d'aujourd'hui.

Nous devons espérer que dans quelques jours le service des postes sera complètement rétabli, ainsi que celui du télégraphe. Enfin le chemin de fer ne peut tarder à nous ouvrir ses gares. Pour le moment nous ne correspondons avec Paris que par Blois, où il faut nous rendre par voiture.

Dans la journée, nous voyons passer plusieurs services d'ambulance, qui remontent vers Orléans, avec leurs voitures lourdement chargées de leur personnel, de convalescents et de matériel.

Le maire de Vendôme reçoit d'une délégation du Comité central de secours suisse une demande de relevé des pertes éprouvées dans l'arrondissement. Les secours en argent ou en semences doivent être répartis entre les propriétaires ruraux, selon l'état qui sera fourni au Comité.

La mission qui incombait à nos édiles, après ces six mois d'invasion, était des plus lourde et des plus délicate, et il leur fallait beaucoup de dévouement, d'énergie, pour remettre de l'ordre là où la confusion régnait depuis si longtemps.

JEUDI 2 MARS

Le service de la poste est encore aux mains allemandes. La stricte surveillance de l'ennemi cause de grands retards dans les expéditions.

A la date du 1ᵉʳ mars, nous avons supprimé les éphémérides rappelant les événements du dehors ; cependant nous n'arrêterons notre journal que le jour où le dernier Prussien aura quitté le Vendomois.

Aujourd'hui, dix mille hommes au moins occupent le Vendomois. Ce sont des régiments de nouvelle formation ; la plupart de ces jeunes soldats n'ont pas vu le feu. On les reconnaît aisément à leur équipement entièrement neuf, à leur démarche lourde et empesée. On ne leur laisse aucun répit, et bien que la paix soit faite, ils continuent du matin au soir, sur nos places, leurs exercices, leurs mouvements aussi raides que mathématiques. Nous assistions, sur la promenade des Prés-aux-Chats, à toutes ces évolutions, que dirigent d'une façon brutale les officiers et les sergents, quand nous reçûmes l'injonction de nous retirer, sous peine de recevoir des coups de crosse. Décidément, malgré la paix, et d'autres l'ont constaté comme nous, nos ennemis sont tout aussi intraitables.

VENDREDI 3 MARS

Chaque jour les ambulances se vident ; les Allemands évacuent leurs convalescents sur Blois ou sur Orléans, pour ensuite les rapatrier par chemins de fer. Pour quitter à leur tour l'ambulance, nos malades attendent le visa et le bon vouloir de l'autorité allemande.

Nos cultivateurs arrivent au marché, tout joyeux d'apprendre que la paix est confirmée, qu'ils vont enfin voir disparaître ces hommes qui les ont traités et rançonnés de la façon la plus indigne. Le marché est très peu fourni ; la dépréciation que nos campagnards donnent aux monnaies allemandes en est en partie la cause. Aussi les denrées de toute nature atteignent-elles un prix élevé. Notons que le bureau de change continue à fonctionner ; il existera même jusqu'au 8 mars.

Beaucoup de curieux se portent aux Prés-aux-Chats, où manœuvre un régiment prussien, et comptent assister aux scènes disciplinaires qui accompagnent toujours ces exercices; mais ils sont impitoyablement refoulés à coups de crosse. Les Allemands, paraît-il, ne sont pas fiers des moyens auxquels ils ont recours pour obtenir leur discipline de fer.

A tout instant de nouvelles voitures sont réquisitionnées à la mairie, pour aider à l'évacuation. L'une de ces réquisitions est, on peut le dire, la bienvenue, car elle est l'indice que nous en aurions fini très prochainement avec nos ennemis; elle est ainsi conçue :

« Par ordre de l'autorité allemande, la station télégraphique quittera incessamment la ville. La mairie devra fournir deux voitures de force suffisante à transporter quatre lourdes caisses d'appareils, plus d'autres voitures pour les officiers et leurs bagages. »

SAMEDI 4 MARS

Ce matin, arrive la nouvelle que le IX⁰ corps d'armée traversera la ville en l'espace de deux jours. C'est pour notre ville et sa banlieue l'occasion de charges exorbitantes. Comment réussir à satisfaire à toutes les exigences du commandant de place ? Heureusement que le marché de la veille a permis à chacun de faire de nouvelles provisions.

La municipalité voyait chaque jour ses embarras augmenter de plus en plus. Tourmentée, inquiétée par les chefs de corps allemands, dont les prétentions dépassaient toute mesure, elle avait encore à répondre aux nombreuses questions qui lui survenaient de tous côtés, sur le sort de soldats blessés. Hélas ! quelle réponse pouvait donner le Maire à ces respectables et légitimes demandes, quand on ne connaissait ni le nombre ni l'identité de ces malheureux jeunes gens, qui reposent aujourd'hui dans le cimetière de Vendôme ?

Une autre question préoccupait beaucoup aussi nos administrateurs : c'était la remise aux agents français du service des postes, qu'il fallait effectuer en ménageant tous les intérêts.

Voici l'avis que le préfet allemand venait de publier, à ce sujet, avant de résigner ses fonctions :

« Nous, Préfet de Loir-et-Cher,

« Attendu qu'il importe, dans l'intérêt des habitants, d'assurer autant que possible la régularité du service postal, et attendu que la poste allemande n'a de bureaux ouverts que dans les chefs-lieux d'arrondissement ;

Arrêtons :

« Art. 1er. — MM. les maires des cantons de Saint-Amand, Montoire, Savigny, Mondoubleau, Droué et Selommes, sont tenus à organiser un service de messages spéciaux pour envoyer, au moins trois fois par semaine, réclamer au bureau de poste allemand à Vendôme, et contre acquittement des taxes postales, la correspondance destinée aux différentes communes de leurs cantons respectifs.

Art. 2. — Les frais de poste en question seront répartis entre toutes les communes de leur canton, proportionnellement à leur nombre, par les soins de M. le maire du chef-lieu.

Le Préfet de Loir-et-Cher,
Schoen.

DIMANCHE 5 MARS

Nous voyons défiler dans un ordre parfait le IXᵉ corps, dont le passage nous a été annoncé la veille. Pendant plus de quatre heures se succèdent les bataillons, les escadrons et les batteries d'artillerie, dont le matériel est entièrement repeint à neuf. Fantassins, cavaliers, canonniers, tous ont une tenue parfaite, un équipement neuf pour la plupart ; à voir la précision de leurs mouvements, leur aspect irréprochable, on ne se douterait pas que la plupart de ces hommes ont eu à supporter une campagne des plus pénible. Les pontonniers et leurs bateaux montés sur des chariots, le tout dans un état d'entretien tel, qu'on pourrait croire qu'ils se rendent à une revue, ferment la marche, avec tous les services administratifs du corps d'armée. Rien, en un mot, ne manque à ces régiments, qui sont pourtant à des centaines de lieues de leur point de départ !

Que l'exemple de cette nation, toujours prête à renouveler, au premier signal, de pareils efforts, tienne en éveil notre patriotisme et notre activité ! A cette condition seule nous pourrons affronter une lutte, qui, cette fois, sera sans merci. Nous devons toujours avoir sous les yeux ces mots, tant de fois gravés sur les monuments commémoratifs de cette terrible guerre : SOUVENONS-NOUS !

LUNDI 6 MARS

Ce n'est que la première division du IXe corps que nous avons vu défiler hier. La deuxième division, ayant à sa tête le général Manstein, arrive aujourd'hui ; plusieurs régiments de dragons et de hussards blancs, aux uniformes immaculés et brillants, composent la cavalerie de cette division, dont la tenue est plus soignée encore, s'il est possible, que celle des troupes que nous avons pu voir parader la veille. En traversant le moindre bourg, tambours, fifres et trompettes font tapage, et les musiques jouent leurs morceaux les plus enlevants. C'est qu'ils sont tous joyeux, ces Allemands, de revoir leurs foyers, qu'ils ne croyaient pas, au début de la guerre, quitter pour un aussi long temps.

Le service des étapes était réglé par l'adminis-

tration allemande avec un soin scrupuleux ; chaque commune, sur la route parcourue par le corps
d'armée, recevait un nombre déterminé d'hommes, et bien que notre ville fût bondée de soldats, il n'y régnait aucun désordre, aucune confusion.

Malgré le mauvais état des routes, les voitures
sur Blois ont un départ régulier. De son côté, l'administration des postes a tous ses agents en fonc-
tion, et nous pouvons correspondre avec tous les
points du département.

Enfin, les trains de marchandises circulent librement entre Vendôme et Paris.

Nous apprenons que la garde nationale mobilisée vient d'être licenciée ; dans quelques jours
nous allons revoir bon nombre de nos compatriotes. Recommandation expresse est faite à ces
soldats du dernier ban, en rentrant dans leurs
foyers « d'avoir l'attitude et le bon esprit que commandent les circonstances actuelles. »

MARDI 7 MARS

Les dernières troupes du IXe corps traversent
aujourd'hui Vendôme. Leur allure gaie et entraî-
nante est très remarquée. Ils ne daignent même
pas répondre aux provocations maladroites et in-
tempestives que, sur leur passage, se permettent
quelques campagnards. Ils sont tout entiers à la
joie de retrouver leurs familles, qui les attendent
avec une vive impatience.

Ce soir à 8 heures, le commandant de place allemand, faisant à Vendôme fonctions de sous-préfet, quitte notre ville, après le départ du 85ᵉ régiment de ligne. Ce fait est une époque pour nous, car avec ce fonctionnaire disparaît la dernière trace de la tutelle, si humiliante et si dure, que nous avons dû subir en silence. Nous devons reconnaître toutefois que les relations qu'il avait avec notre municipalité étaient des plus convenables, et que, souvent, d'une façon toute paternelle, il s'était employé pour concilier les intérêts de chacun, ou pour alléger un peu les charges qui pesaient sur la ville.

Des inspecteurs de la compagnie d'Orléans sont ici aujourd'hui, pour reconnaître l'état de la gare, qui a servi en plusieurs occasions de refuge aux troupes allemandes, et pour aviser aux réparations les plus urgentes.

MERCREDI 8 MARS

Aujourd'hui arrive le 84ᵉ de ligne, le dernier régiment qui séjournera dans notre ville.

Pour la dernière fois aussi, une réquisition de voitures est faite à la mairie, avec promesse que les fournisseurs seront payés des mains allemandes. Comme bien d'autres, cette promesse est encore à tenir.

Les quelques services administratifs que l'autorité allemande avait maintenus à Vendôme se préparent à l'évacuation ; cependant un petit nombre d'infirmiers, attachés à l'ambulance du quartier de cavalerie, vont séjourner ici quelques jours encore.

Avis est donné à la population que le bureau de change sera définitivement fermé ce soir. On s'empresse d'y échanger, suivant le taux convenu, un thaler contre 3 fr. 70, un double thaler pour 7 fr. 40, un tiers de thaler pour 1 fr. 20. Les florins de Bade et de Francfort sont admis pour 2 francs; le demi-florin, dit bavarois, pour 1 franc.

JEUDI 9 MARS

Aujourd'hui, arrive dans notre gare le premier train venant de Tours, après avoir, aux Coulis, franchi le Loir sur une passerelle en bois, provisoirement établie pour remplacer l'arche détruite par la mine, lors de la retraite de notre armée sur Le Mans. Cette ligne, du reste, ne sera ouverte au public que le 16 mars.

Nous croyions en avoir fini avec les réquisitions de tout genre. C'était une erreur. La municipalité reçoit l'ordre d'avoir à fournir, pour le lendemain matin, à la première heure, dix voitures, qui devront se rendre à Blois, où se concentre le dernier corps d'occupation.

Un avis du maire de Vendôme enjoint aux habitants, tant de notre ville que des communes voisines, de déclarer dans la huitaine, à la mairie, tous les objets mobiliers ne leur appartenant pas, et dont ils seraient détenteurs, soit parce que les Prussiens les auraient transportés d'une maison dans l'autre, ce qu'ils ne se gênaient pas de faire, soit que, souvent dans une bonne intention, ces objets aient été enlevés de maisons abandonnées, et soustraits ainsi à la rapacité des soudards allemands.

Cet avis eut un excellent effet ; grand nombre d'habitants retrouvèrent ainsi une partie de leur butin, qu'ils croyaient à jamais perdu.

Une Société anglaise envoie dans le Vendomois l'un de ses représentants ; avec une courtoisie parfaite, il fait distribuer des céréales de semence, qui rendent à nos cultivateurs, dépouillés de tout pour la plupart, les plus grands services. Chaque canton reçoit 25 sacs de blé de mars, 47 sacs d'orge et 12 sacs d'avoine. C'est avec une rare impartialité que furent faites ces distributions ; ne furent appelés à en profiter que les cultivateurs exploitant moins de vingt hectares, chacun recevant des secours au prorata de ses pertes.

Au nom de tous, nous adressons ici nos bien sincères remercîments à cette Société anglaise, dite des *Amis*, ainsi qu'à la Société helvétique, qui a bien voulu, elle aussi, venir à notre aide. Ces généreux donateurs ont bien mérité de l'humanité, et en particulier du Vendomois.

VENDREDI 10 MARS

De bonne heure, les dix voitures réquisitionnées sont à la disposition des chefs allemands, qui veillent de près à ce que rien ne soit oublié du matériel d'ambulance, de la poste, du télégraphe qu'il reste à évacuer. Le chargement terminé, la remise des divers services faite en due forme à la mairie, nous voici en route, car nous faisions

partie du convoi, pour Blois, sous bonne escorte
de cavaliers et d'infanterie.

Bien que remplissant une corvée à laquelle il
était impossible de nous soustraire, nous éprou-
vions une réelle satisfaction à revoir tout ce pays
fermé depuis si longtemps. Partout, sur notre passage, on nous tendait familièrement les
mains; plus de défiance, plus de contrainte. On
oublie, hélas, trop vite en France. Nous en avons
la preuve. En rase campagne, les soldats de
l'escorte étaient très causeurs, et dissertaient longuement sur les souffrances qu'ils avaient endurées eux aussi; mais, dès qu'on approchait d'un
bourg, ils se taisaient et redevenaient intraitables.
Témoin ce fait: à La Chapelle-Vendomoise un
laboureur, le premier que nous ayons encore vu,
avait cru pouvoir, la paix étant signée, sortir ses
chevaux et les atteler à la charrue. Mal lui en
prit. Deux hulans, se détachant de notre escorte,
s'emparent des chevaux, avisent deux voitures et
se mettent en devoir de les atteler. Le cultivateur
se récrie et veut s'y opposer par la violence. Aussitôt garrotté, il a beau crier que c'est honteux d'a-
gir de la sorte en pleine paix, on le laisse dire,
mais on le maintient en arrestation. •

Connaissant un peu ce cultivateur, qui portait le
nom de Durand, je m'approchai de l'officier qui
nous conduisait, et qui, en plusieurs occasions,
avait donné à Vendôme, comme commandant de
place des preuves d'une sage bienveillance; je lui
marquai mon étonnement sur le fait qui venait de
se passer: « Service de l'armée! » me répondit-il.
Ce mot, pour eux, était sans réplique.

Nous arrivons à Blois dans la soirée, et nous occupons, rue du Gât, 10, une maison qui avait été réservée pour le chef et nos précieux colis. La ville regorgeait de troupes ; plus de 8,000 hommes y étaient cantonnés.

Ce jour même, nous prenons congé de notre officier, et revenons à Vendôme, tout heureux de penser que le dernier Allemand nous a tourné les talons. En me tendant la main, le commandant m'avait remis une carte portant ces mots : « *Mit Gott für Kœnig und Vaterland* », et, plus bas, au crayon : « Pour la France, les jours de gloire sont perdus ; où les retrouvera-t-elle ? »

Notre pays saura bien les retrouver, quoi qu'en dise le commandant ; à une condition, toutefois, c'est que la France n'oublie pas les terribles enseignements de cette guerre.

Ici s'arrête notre journal. Avant de prendre congé de nos lecteurs, que nous remercions d'avoir bien voulu nous suivre dans cette triste odyssée, nous croyons intéressant de publier un état, aussi exact que possible, des pertes de toute nature que notre pays a subies pendant cette lugubre période.

Pour finir, nous reproduisons les inscriptions gravées sur les plaques commémoratives scellées dans l'une des chapelles de la Trinité de Vendôme.

Du 1er octobre 1870 au 10 mars 1871, dates extrêmes de notre récit, 286 décès ont été inscrits à l'état civil de le commune de Vendôme.

Ce ne sont pas malheureusement les seuls décès civils qui se soient produits : un certain nombre n'ont pu être inscrits, faute d'identité ou de déclaration.

Qnant aux décès militaires, nous ne pouvons pas en préciser le nombre, même approximativement. Nous ne connaissons que le chiffre des décès déclarés dans les ambulances de notre ville, qui est de 341 pour les Français, de 50 environ pour les Allemands.

C'est le mois de décembre qui a été le plus meurtrier.

Quatre ambulances ont fonctionné pendant ces longs jours de deuil : à l'Hospice, au Lycée, au Saint-Cœur et au Quartier de cavalerie.

L'ambulance de l'Hospice était la plus importante ; 212 décès militaires y ont été inscrits.

Le Lycée, avec sa succursale du Musée, a vu succomber 144 soldats français ou allemands.

Le Saint-Cœur, où l'ennemi avait lui même établi une ambulance, regardée comme la plus salubre de toutes, n'enregistra que 22 décès français.

Enfin l'ambulance du Quartier étant exclusivement militaire, un très petit nombre des nombreux décès qui y survinrent furent l'objet de déclarations à la mairie.

Notons que la mortalité fut relativement moindre sous le régime allemand. La ventilation était surveillée de très près, et les blessures étaient lavées, d'une façon continue, à l'eau froide.

Autre remarque. La fièvre typhoïde et la dyssenterie atteignirent surtout les Allemands; nos soldats eurent plus souvent les membres gelés; la variole sévissait également sur les uns et les autres.

Si, passant à un autre ordre d'idées, nous envisageons les pertes matérielles que nous ont causées ces six mois d'invasion, nous relèverons des chiffres qui dépassent toute prévision.

C'est ainsi que le département de Loir-et-Cher (nous extrayons ces renseignements du remarquable rapport de M. Passy à l'Assemblée nationale) a payé aux Allemands, en impôts, contributions et amendes, 658,252 francs. Le montant des réquisitions en nature justifiées s'élève à trois millions 624,685 francs. Enfin le montant des dommages résultant de vols, d'incendies et de faits de de guerre de l'occupation, atteint onze millions 513,689 francs.

D'autres chiffres donneront mieux encore une idée des pertes éprouvées dans notre Vendomois; ils sont basés sur les déclarations faites, en présence de voisins, à la commission municipale de Vendôme, par 109 cultivateurs habitant la partie nord de cette commune, en dehors du périmètre de l'octroi.

Ces 109 habitants ont dû fournir aux Allemands :

15 chevaux, 48 vaches ;

10 voitures ;

1,505 kilos de porc ;
79 hectolitres 40 de blé ;
47 hectolitres 40 d'orge ;
443 hectolitres 30 d'avoine ;
71,750 kilos de fourrages ;
98,820 kilos de paille.

En outre, on peut évaluer aux chiffres suivants les fournitures ci-dessous :

Pommes de terre, 10,923 fr. 50 ;
Mobilier et linge, 11,520 fr. 50 ;
Bois de service et de chauffage, 5,612 fr.

A tout cela, ajoutons 420 hectolitres 82 de vin et cidre, la perte de 73 ruches d'abeilles, et les avaries causées aux immeubles, nous arrivons à une évaluation, reconnue exacte par la commission, de 97,691 fr. 22.

En calculant que le douzième environ des pertes subies n'a pas été déclaré, on peut dire, sans exagérer, que la banlieue nord de la commune de Vendôme a perdu cent cinq mille huit cent trente-huit francs soixante-cinq centimes !

A cette estimation, pour la rendre tout à fait exacte, il conviendrait de joindre le montant des pertes résultant de l'incendie de quatre bâtiments à la Tuilerie et à Courtiras.

A LA MÉMOIRE

DE NOS CONCITOYENS APPARTENANT

A L'ARMÉE ACTIVE, MARINE & CORPS FRANCS, MORTS

SOUS LES DRAPEAUX

1870 - 1871

—

Vendôme

Peltereau Gabriel, *lieutenant de vaisseau*
Lubineau Maximilien
Lattron Pierre
Gravereau Léon
Picot Auguste
Poirier Théophile
de Geoffre Jean
Vaudron Auguste
Dalmont Louis
Pimpault Xavier
Leroy Louis

Nourray Victor
Rouillon Louis
Pornin Alexandre
Gillard Arthur
Roussineau Eugène
Hême Michel, *s.-lieutenant*
Chaillou Gervais
Norguet Adrien
Noury Michel
Noury Antoine
Auriau Etienne
Marais Eugène, *lieutenant*

Droué

Alvergniat Charles
Dumans Désiré
Dumans Jean
Daubert Alphonse
Bordeau Louis
Hubert Regulus
Martin Jean
Pasquier Auguste
Bessé Julien
Brianne Jean
Vallée Louis
Leclerc Prosper
Guibert Pierre
Bezault Louis
Bougard Henri

Brulé Louis
Doré Jules
Guillemin Adolphe
Mantion Adolphe
Met Pierre
Talbot Louis
Toutain Jean
Jourry Edmond
Odeau François
Besnard Jean
Chevallier Jean
Lecomte François
Sourieul Denis
Bigot Gustave
Guenée Pierre

Mondoubleau

Deshayes Louis
Lehoux Louis
Leduc Louis
Lessiourd Louis
Roy Aimé
Villedieu Alexandre
Bizieux Pierre
Dorsemaine François
Legré Cosme
Beaudouin Louis
Brindeau Alexandre

Guillotin Louis
Lubineau Pierre
Roulleau
Roulleau François
Courtemanche François
Filoreau François
Dahuron Louis
Ferrand Eugène
Marais Louis
Xavier François
Cheneraille Maximilien

Montoire

Avril Hippolyte
Benoist Léon
Bordier Georges
Ferrand Auguste
Girault Henri
Guion Louis
Lambron Jules
Senard André
Couty Joseph
Pasquier Alexis
Daumas Antoine
Foucher Louis
Raimbault Louis
Huge Justin

Langot Jean
Luneau Frédéric
Rivière Paul
Bate Célestin
Dolidon Bertrand
Tanviray François
Rigault Victor
Souriau Prosper
Richard Auguste
Esnault Julien
Guion Louis
Latouche Eugène
Moquet Amédée
Picot Auguste

Morée

Duru Louis, *lieutenant*
Mauger Victorien
Pilet Pierre
Haslé Louis
Lemoine Hippolyte
Manceau François
Girard Louis
Sennequin Charles
Tournebise Auguste
Antoine Auguste

Grandineau Paul, *s.-lieu-
tenant*
Houdebert Victor
Motte Flavien
Beauchamp François
Couasmet Pierre
Fosse Jean
Gauthier Jean
Surcin François
Hugot Alphonse

Saint-Amand

Ledoux Léon
Deslandes Dominique
Lourceau Georges
Poulleau Joseph
Vallée Célestin
Lemoine Emile
Bernier François
Beaujouan
Garce Victor
Gigou Arsène
Moreau Jean
Noulin Joseph
Reboussin Émile

Vaudour Désiré
Boulay Henri
de Saint - Hillier Amédée, *colonel*
Duchesne René
Colas Moïse
Breteau Joseph
de la Taille, *lieutenant*
Boit Alexandre
Lansigu Gabriel
Héry Jean
Tricot François

Savigny

Chiffeteau Julien
Lebert Jacques
Guillochet Auguste
Metay Henri
Chevallier Eugène
Hergaux Louis
Legueret Louis
Leaute Louis
Miot Théophile
Saillard Louis
Dutheil Hippolyte
Chevereau Célestin

Gallas Jacques
Gauthereau Just
Legueret Auguste
Lévy Paul
Rousselet René
Rouvre Auguste
Chauveau Jean
Hemonet Marin
Saillard Alexandre
Tourneux Eugène
Hérault Auguste

Selommes

Morin Pierre
Noulin Pierre
Blondeau Raphaël
Guenier François
Montaru Louis
Chevaye Louis

Manceau Alfred
Oury Alfred
Oury Lucien
Trahart François
Tondereau François
Radet Pierre

AUX MOBILES

DE L'ARRONDISSEMENT DE VENDOME, MORTS
POUR LA FRANCE EN 1870-71

COULMIERS, FAVEROLLES, LOIGNY, VILLORCEAU, PARIGNÉ-L'ÉVÊQUE, S.-JEAN-SUR-ERVE

« Non, vous n'êtes pas morts à la façon des lâches, mais vous êtes tombés comme tombent les gens de cœur devant l'ennemi. »
(Rois, liv. II, chap. III, vers. 33 et 34.)

2e Bataillon du 75e Mobiles

—

3e COMPAGNIE
Cantons de Droué & de Morée

Cinel Désiré
Després Auguste
Couasmet Louis
Mesny Eugène
Perrochault Louis
Girard Louis
Sennequin Charles
Baron Louis
Surcin Louis
Bisson Saturnin
Guillemeau Antoine
Lidoreau Adrien
Huet Victor
Borde Alexandre
Deschesne Henri

de Meckenheim Odon, *capitaine*
Chavigny Ernest
Emonet Augustin
Letang Charles
Leblond Pierre
Jahan Narcisse
Brianne Jean
Rouillon Joseph
Doré Joseph
Guillaux Léon
Renou Eugène

Morts en captivité ou des fatigues de la guerre

Fortin François
Delepine Louis
Sennequin Eugène
Fusellier Joseph
Monvallet Théodore
Mauger Victorien
Pillet Pierre

Barre Pierre
Vollant Jacques
Dahuron Joseph
Lecomte Théophile
Roger Louis
Badaire Zacharie
Daubert Alphonse
Chenesy Félix

6e COMPAGNIE

Cantons de Mondoubleau & de Savigny

Lecomte Léon
Bizollier Léon
Courcelles Albert
Bruneau Eugène
Lucas Louis
Baron Ludovic
Couloir Louis
Gasselin Louis
Legros Fulgence

Guillou Pierre
Jouet Louis
Tourneux Eugène
Gaschet François
Moreau Eugène
Bellande François
Guilloneau Adrien
Rousselet Emile
Dahuron Constant
Jouanneau Louis
Prenant Charles
Savatier Alfred
Deniau Alexis
Fourmy Célestin

Morts en captivité ou des fatigues de la guerre

Treuil Louis
Vivet Alexandre
Cheramy François
Verdier Louis
Odeau Joseph
Leroy Alexis
Renard Louis

Simond Edmond
Drouin Auguste
Pothiers Louis
Chaufournais Désiré
Bourreau François
Pichon Louis
Jacquelin Pierre

7e COMPAGNIE

Cantons de Montoire & de Saint-Amand

Schneider, *capitaine*
Rousselet Désiré
Duchesne François
Gombeau Louis
Anjoubeau Léon
Hubert François
Lucas Louis
Batard Alfred
Mathieu Henri

Debien Pierre
Guillot Adrien
Cartier Désiré
Manessier Eugène
Chereau Jacques
Delanoue Emile
Thielin François
Gache Alexandre
Dubray Désiré

Richard Auguste
Sainson Etienne
Barbereau Auguste
Mauclerc Pierre
Rouillard Henri
Bourdilleau Audon
Lucas Henri

Rouillard Henri
Vervant Onésime
Gallois Eugène
Louvrier

Morts en captivité ou des fatigues de la guerre

Esnault Julien
Levay Jules
Boulay Henri
Huger Dominique
Barbier Victor
Dutier Joseph
Oger Louis
Moreau Auguste
Vérité Jules
Coutable Louis

Bourdilleau Joseph
Loyau Désiré
Ganne Clovis
Poulleau Louis
Brisard Désiré
Brisard Désiré
Ponvert Isidore
Housseau Alphonse
Luquet Charles

8e COMPAGNIE

Cantons de Vendôme & de Selommes

Tavenot Pierre
Bonneau Léon
Héron Armand
Guignon Eustache
Bellardent Adrien
Malangeau François
Bellande Louis
Adet Louis
Doron Denis
Pavy Ernest
Fouquet Victor
Fichepain César
Breton Charles
Cousin Eugène
Rambourg Louis

Guenier François
Renard Wilfrid
Duchateau Adolphe
Trahard Adrien
Poidras Théophile
Guibert André

Morts en captivité ou des fatigues de la guerre

Sampayo Oscar, *chef de bataillon*
Briant Alexandre
Veron Pierre
Guillard François
Chevaye Alfred
Dalmont Henri
Roger Paul
Bellair Michel

Qu'ils reposent en paix !

VENDOME. TYPOGRAPHIE LEMERCIER